市民社会の現在と憲法

憲法理論研究会編

敬文堂

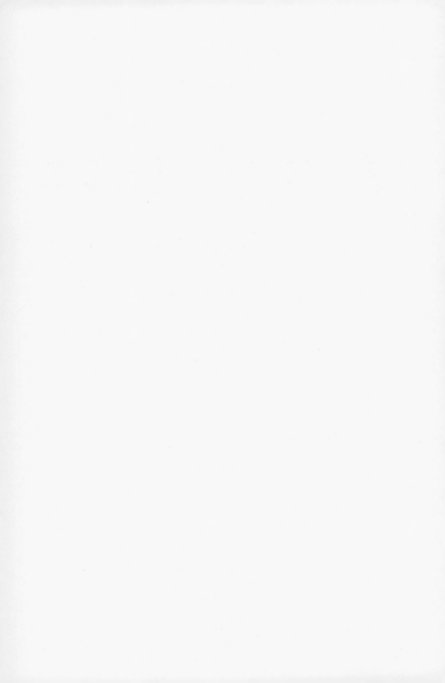

〈目次〉

第一部　市民社会の変容と精神的自由の現在

第二部　現代社会における生存・健康・自由

第三部　現代政治と統治機構の変容

第四部　公法理論の原点と現点

書評

活動記録

編集後記

第一部　市民社会の変容と精神的自由の現在

ポスト・トゥルース時代の表現環境
――「漂流」する個人と表現の自由――

水谷瑛嗣郎
（関西大学）

一　ポスト・トゥルースという「時代」

（一）ポスト・トゥルース概観

オックスフォード・ディクショナリーは、「ポスト・トゥルース」について、「世論形成において、客観的な事実が、感情や個人的信念へのアピールよりも影響力をもたない」環境と定義づけている。二〇一六年を表象する言葉としてこの言葉を選び出した背景について、彼らは、英国のＥＵ離脱を問う国民投票と二〇一六年のアメリカ大統領選を挙げている(1)。周知の通り、これら二つの「民意」を問うたビッグ・イベント前後において、偽情報や出所不明の陰謀論が蔓延した。さらにトランプ大統領就任後、就任式に訪れた人々の「数」をめぐり、ケリーアン・コンウェイ大統領顧問が「オルタナティブ・ファクト」という言葉を用いたことも象徴的な出来事であった。トランプ大統領は、先の二〇二〇年大統領選においても、根拠不明な「選挙不正」を訴え続け、ネット上には、「Ｑアノン」と呼ばれる陰謀論を展開する人々が跋扈した。民主的に選出された為政者によって偽情報と陰謀論が堂々と展開されたわけである。今年一月には、トランプ大統領が主張した選挙不正の訴えを信じた支持者らによる連邦議会議事堂への暴徒乱入騒動が起こっている。

一方、我が国においても、菅政権による日本学術会議への任命拒否に端を発し、著名な政治家がウェブサイト上で中国の「千人計画」に日本学術会議が協力しているという陰謀論を主張した。ネット上においては、さらに日本学術会議の会員に特別な年金が発生するかのようなデマが展開され、そればかりか本来、情報の正確性を担保すべきテレビ放送において「上席解説委員」の肩書を有するジャーナリストによっても同じデマが広められた。二〇二〇年アメリカ大統領選に際しては、なんら投票権を持たないはずの日本人の中に、SNS上でトランプ大統領らが訴える「選挙不正」を拡散する者たち(彼らは「Jアノン」と呼ばれている)が現れたことも記憶に新しい。

(二) ポスト・トゥルース時代と「個人」

もっとも偽情報や陰謀論に踊らされてしまうのは、一部の特異な人ではない。[2] 近時GLOCOMによる調査報告においても、フェイクニュースは、排外主義傾向の高い人々によって拡散されるのと同時にそうした傾向が「最も低い第一群においてもまた、信じて拡散している人の割合が高い」こと、さらに自分自身が思っている以上に人はフェイクニュースを信じて拡散してしまうことも指摘されている。[3] また、主として右派的な政治的傾向の者が陰謀論に脆弱なイメージがある一方、実は左派も同じように陰謀論に脆弱である可能性を指摘する研究もある。[4]

背景にある個人の心理的傾向の一つとして、かねてより「確証バイアス」が指摘されてきた。いわゆる、「人は見たいものを見る」という傾向である。なかには、客観的事実を提示されても自らの考え方を変えず、むしろより強固に偽情報を信じ込む傾向も研究結果で示されている(「バックファイアー効果』）[5]。またこうした情報がなぜ人々の間で（ソーシャルメディア上で）拡散されるのかについては、鳥海不二夫らによる仮説が興味深い。それによると、「特定のコミュニティに属するユーザが『脊髄反射的に拡散・共有してしまいたくなる情報』」があるとされ、彼らはこれを「ソーシャルポルノ仮説」と呼んでいる[6]。

二　デジタルな表現環境に埋没したもの―感情、情報技術、情報空間デザイン

（一）ポスト・トゥルースという「時代」を三つの視点から読みとく

もっとも「ポスト・トゥルース」の問題の根深さは、単に偽／誤情報や陰謀論が流通するという点に留まらない。「フェイクニュース」問題[7]は、あくまでポスト・トゥルース現象の一断面にすぎず、別の断面として公職者（やその支援者）から「プレス」への攻撃[8]、政治的分断の激化[9]が顔をのぞかせる。本稿の試みもまたポスト・トゥルース現象の全貌を明らかにするというものではなく、この現象を特徴として語られるようになった「時代」を、①世論形成における「感情」の役割の増大、②情報技術の高度化、③デジタル表現環境における空間デザインという相互に関連する三つの側面から読み解いていくものとなる。

（二）世論形成における「感情」の役割

マッキンタイアは、ポスト・トゥルースについて、「それは感情がときとして事実よりも重要であるという考えのこと」と述べる[10]。またホックシールドは、アメリカの右派の人々に対するフィールドワーク調査から、人々の背後に共通する「ディープストーリー」があることを炙り出した。ディープストーリーとは、「〝あたかもそのように感じられる〟物語のこと」であり、そこでは、「良識に基づく判断は

取り除かれ」、「事実も省かれている」。そして、こうしたディープ・ストーリーをもつのは右派に限られない。[11]

ヨルゲンセンは、個人の身体に根差した「感情」とメディアを通じて醸成される「感情」を区別する。[12] そしてメディアを通じて形成される感情は「パフォーマティブ」なものであり、『ディープストーリー』を形成するのに役立」つ。なかでも特に「怒り」と「愛情」の機能が注目される。そして今後ますます「私たちの感情がアーキテクチャによって管理され、アルゴリズムによって操作されるような環境」においてニュース消費が行われるようになるだろう。[13] その際には、「感情」は政治における重要な「資源」とされ、政治アクターによってその「争奪戦」がデジタル表現環境において展開されることになるだろう。特にマスメディア中心の時代における「メディアによって引き起こされる感情とは、あくまでトップダウンに与えられた情報の枠組みから生起するものであった」が、他方で「ソーシャルメディアは社会的に感情を伝達する機能をもった初めてのメディア」と位置づけられる。[14] ここから憲法学からみた一番の問題点は、（世論形成における感情の台頭そのものというよりも）私たち「個人」の「感情」がときに「他者」から「パフォーマティブ」に方向づけられ、利用されることがあるという点にあると言える。

(三) 情報技術で進化する「虚偽」

ポスト・トゥルース時代を彩る「虚偽」もまた、情報技術の発展に伴い、格段の進化を遂げつつある。その典型が、「ディープフェイク」と呼ばれるものである。この用語は、「ディープラーニング（深層学習)」と「フェイク」を組み合わせた用語であるが、ＡＩを利用して高度かつ精緻な加工が行われた動画のことと考えてもらえれば大方間違いはない。もともとは偽ポルノビデオの作成に使用されていた技術であり、有名どこでいえばバズフィードがオバマ元大統領のディープフェイク動画を制作している他[15]、日本においては官房長官による記者会見の様子のフェイク画像が Twitter 上に出回り、これがディープフェイク技術を利用したものだったのではないかと指摘されている[16]。

「ディープフェイク」はよほど注意深く見ても、それが加工されたものと気が付きにくく、こうした技術を用いた「コンピューター・プロパガンダ」は、既存のジャーナリズム等の信頼を掘り崩したり、公職者や著名人を攻撃するために用いられつつある。もっともサミュエル・ウーリーによれば、現時点ではディープフェイクのような高価で複雑な技術よりも、むしろ「もっともシンプルで費用対効果の高い手段」が用いられていることが指摘される。しかしながら、やがて「ディープフェイクの技術が進歩すれば、より安価で使いやすくなる可能性が高い。また、より洗練されたバージョンが登場する可能性も高い」という[17]。つまり、本番はまだこれから、というわけである。

（四）デジタルな表現環境のデザイン

またSNSをはじめとするソーシャルメディアが「パーソナライゼーション」を指向し、人々が「フィルターバブル」に囲まれると指摘されるようになってから久しい[18]。ソーシャルメディア上のアルゴリズムは、個々の利用者の好みを学習し、「あなた」に最適化した情報を選別しフィード上にレコメンド（推薦）する。そうした同質性のある者同士を結び付けやすいデザインは、「エコーチェンバー」を生じさせる[19]。さらに、ユーザーが残した様々な「足跡」（例えば、どの投稿にいいね！をつけたかといった記録）を集積し、ＡＩによる分析を行って、よりピンポイントな「政治的動員」に結びつけようとする動きも指摘されている。「ケンブリッジ・アナリティカ（以下、ＣＡ）」スキャンダルを告発したクリストファー・ワイリーは、Facebook データを基にした、ナルシシズム・マキャベリズム・サイコパシーという「ダークトライアド」と呼ばれる特性をもつ人々と、平均的な市民よりも怒りや陰謀論に傾きやすい人々をターゲットにする実験について触れている。CAは、この二つの集団に対して、「Facebookグループや広告、記事経由でナラティブを流し」て、その「感情に火を付け」、エンゲージメントを高めようとしていたという。特にエンゲージメントの強化に効果的だったのは、「不快」なものと「腹立たしい」ものであったという[20]。

（五）ポスト・トゥルース時代と憲法学

ではポスト・トゥルース時代と憲法学の「接点」はどこにあるのだろうか。それはおそらく、上記のような「環境」が、憲法学で基底的に扱われてきた諸価値を揺るがしかねないという点にあるだろう。特に民主政システムにとっての問題は深刻である。この論点はさらに二つに分けることできる。公職選挙法はその一条において、「日本国憲法の精神に則り、……選挙制度を確立し、その選挙が選挙人の自由に表明せる意思によつて公明且つ適正に行われることを確保し、もつて民主政治の健全な発達を期する」と定めるが、まさに選挙過程における虚偽の蔓延と感情の操作により、選挙の「公明且つ適正」さが損なわれる危険がある。加えて、世論形成の「過程を通じて国政が決定されること」を「存立の基礎」とする民主政システムそのものに対する人々の信頼が掘り崩されていくことにも警戒が必要である（民主的な「正統性」の毀損）[21]。この点は諸外国でも深刻に受け止められており、例えばイギリスの下院委員会におけるフェイクニュースに関する最終報告書は、こうした環境が「客観的な事実に基づいた理性的な議論を行うための共通基盤」を蝕み、「民主主義の構造」を脅かすと警鐘を鳴らしている[22]。

三 「虚偽」と「表現の自由」―ディープフェイク規制を例に

(一) アメリカにおけるディープフェイク規制

では、ポスト・トゥルース時代において、憲法の前提とする民主政システムを私たちはどのようにして守っていくべきか。この点、アメリカの一部州において、選挙に関連した「ディープフェイク」の流通に対する規制が行われ始めている。例えば、カリフォルニア州法は、「(b)項で規定されている場合を除き、個人、委員会（政府法典第82013条で定義）、またはその他の団体は、……選挙までの六〇日以内に、現実の悪意をもって、候補者の評判を傷つけ、または有権者を欺いて、候補者に投票させる、もしくは反対させる目的で、実質的に欺瞞的な音声または視覚媒体（(e)項に定義）を頒布してはならない」と定めている。この法律では、「実質的に欺瞞的な音声または視覚媒体（materially deceptive audio or visual media）」という定義の中に、ディープフェイクも含まれることとなり、選挙結果を歪めるような目的でのそうした媒体の頒布を禁じているが、一応、その際の条件として「現実の悪意（actual malice）」が必要とされている。[23]

(二) ディープフェイク規制と国家〝からの〟自由

他方でこうした法規制は、まさにこれまで憲法学が担ってきた「表現の自由」論の「主戦場」（国家からの自由）ともいうべき部分と正面衝突することとなる。特にアメリカにおいては、この領域においては判例法理上の二つの「壁」が存在する。[24] 一つは、New York Times v. Sullivan 判決の「現実の悪意」の法理である。[25] アメリカの名誉毀損領域においてよく知られたこの法理は、公職者に対する名誉毀損表現について、たとえその内容に虚偽が含まれていた場合であっても、表現者側にきわめて強力な保護が与えている。具体的には、虚偽であることを表現者側が知っていたか、または真実かどうかについてまったく考慮していなかったかについて、原告（公職者）側が立証をする責任を負うものである。[26]もう一つの壁は、United States v. Alvarez 判決である。同判決では、軍の勲章を詐称することを禁じた法律の憲法適合性が争われたが、最高裁は、その中で虚偽表現が法的に認識可能な「危害」を引き起こし、その制限と危害との間に直接的な因果関係がなければならないとして、内容規制と捉えて厳格審査を発動し、同法を違憲とした。[27]

これに対し、近時、キャス・サンスティーンは、この二つの判決をインターネットや情報技術の発展等を踏まえて再検討し、虚偽言論への対応可能性を探っている。サンスティーンによれば、虚偽を憲法上保護すべき理由として、①真実裁定についての政府の信頼性欠如、②萎縮効果、③虚偽の言明からの学び、④他者の考えを知る利益、⑤カウンタースピーチの有効性などがあがるが、これらいずれも決定的なものではなく、虚偽を強力に保護する理由にはならないとする。[28]加えて行動科学の知見から、虚偽はますます定着し、訂正は裏目にでる可能性があり、思想の自由市場の失敗可能性について言及する。また興味深いことに、「社会規範や法律によって課せられた萎縮効果のない社会は、非常に醜い場所となる」として、萎縮効果の肯定的側面を評価している。[29]そのうえで、「政府は、⑴ディープフェイクであることが合理的に明白でないか、または明示的かつ顕著に開示されていない場合、及び⑵重大な個人的困惑または風評被害をもたらす場合には、憲法修正一条に沿って、ディープフェイクを規制または禁止する」ことができるという提案を示している。[30]

四　プラットフォーム・アクターと「表現の自由」論の今後

（一）国家による発信者規制の限界点

ことディープフェイク規制に関する論理としては、サンスティーンの提案は非常に魅力的に映る。「国家からの自由」としての表現の自由（修正一条）論もまた「虚偽」の進化に伴い、議論の修正を図る必要がある点について筆者自身も否定はしない。だがその一方で、ディープフェイクを含む偽情報の問題が現代においてより深刻となるのは、その拡散速度と範囲である。この点、サンスティーンの提案やカリフォルニア州法の例は、ソーシャルメディア上でのディープフェイクに対する二次的な「拡散」行為にはどこまで有効だろうか。ディープフェイクは、個人の力で見抜くことは容易でなく、意図せず信じ込み、拡散を行うことは誰しも十分にあり得る。もし国家が、デジタル空間における偽情報の拡散までをも事後に取り締まることを「貫徹」しようとした場合、それはデジタル・インフラを利用するユーザーへの「監視」を強めていくことに繋がる。その先には、ジョージ・オーウェル的秩序が手招きしている。

（二）市場による治癒の限界─忍び寄る関心経済

だがその一方で、二章で概観したデジタルな表現環境の特性を考慮するならば、従来通り、社会（＝市場）の「自浄作用（見えざる手？）」に委ねることが憲法学と民主政治システムにとっての本当の最適解なのかという点もより真剣に検討されるべきである。特にオンライン・プラットフォーム事業者が、先述したようなソーシャルメディアのデザインを採用していく背景には、「関心経済」をベースにしたビジネスモデルがある。ウェブ上のビジネスモデルは、ユーザーである私たちの稀少な「注目」という資源をいかに獲得するかに注力するものである。まさに「デジタル世界での生き残りは」、「企業が利用者を引きつけ、長く滞在させ、何度も繰り返し戻ってこさせる能力」である「粘着性（stickiness）に左右される」[31]（強調点ママ）。そして、パーソナル化した推薦システムは、観衆を増大させるのと同時に、彼らを「ロックイン」し、観衆の「集中」を生み出すことに繋がる[32]。

（三）プラットフォーム〝による〟自由の可能性？

かくして、メディア化された感情から自由になれず、進化した虚偽に振り回される私たち「個人」は、市場を独占するプラットフォーム・アクターのビジネスモデルに基づいてデザインされたポスト・トゥルース時代のデジタル表現環境を「漂流」することになる。そこでは、「表現者」の「自由」を政府規制からどのように「保護」するかと同時に、情報流通の「環境」全体に着眼してデモクラシーに親和的なアーキテクチャ実装を促し、私たちのデジタル空間における「自由」を確保していくアプローチも求められる[33]。

特に「オンライン・プラットフォーム」というアクターについて、我が国の最高裁は、「情報流通の基盤」的機能（「場」の形成・維持・管理機能）を見出しつつある[34]。同時にプラットフォーム・アクターは「新たな統治者（The New Governors）」として成長を遂げつつある[35]。彼らが提供する「場」の上では、私たち「ユーザー」は、必然的にそのデザインと管理権の範囲内における「掌の上の自由」しか発揮しえないが、他方でその「自由」は、高度化する「フェイク」を見抜けない「個人」の限界を補い、表現の自由の背景にあるとされてきた民主政治的価値をより促進する可能性も秘めている（プラットフォーム〝による〟自由）。例えばTwitterは、ディープフェイクに対する警告表示を出し[36]、さらにFacebookは、ディープフェイクを技術的に検出するためのコンペティション（the Deepfake

Detection Challenge）を行っている。[37] フェイクを直接的に抑止するものではないが、日本においてもYahoo ニュース！が、ＡＩを利用したコメント欄の健全化を試みている。主として、不適切なコメント投稿に対する事前警告や、「客観的、証拠や根拠提示を含む」「新たな考え方、解決策、洞察がある」といった建設度合いの高いコメントの優先表示が行われている。[38] そして、「コメント投稿自体は増加したのに対して、注意メッセージが掲出されたアカウント数は13・5％減少」したとされる。[39] もちろん、上記の取り組みの成果・効果については、いまだ十分と言い難い部分もあるうえ、外部専門家による検証とフィードバックも必要となるだろう。しかしながら、こうした「予防」的スキームにより、事後的な責任負担を課す「法」の不向きな部分を補い、個人を「補強」することは、デジタルな表現環境をよりデモクラシー親和的な方向へ進めていくことに繋がるだろう。

むろん、こうした空間をデザインするプラットフォームに、表現環境における「統治」を一定程度委ねるからといって、「法」が不要となるわけではない。むしろ、「新たな統治者」となったプラットフォーム・アクターの背後に先述のようなビジネスモデルがある以上、憲法・メディア法学の観点から歯止めを課しておく必要があるだろう。典型的には、プラットフォームに対して従来の「（対国家用）表現の自由」の法理・理論をそのまま適用することが考えられるが、（私人間効力の問題もさることながら）それは結果的に、ユーザー（個人）の情報発信・受信の利益を縮減することに繋がる。それよりも憲法上の「情報流通の基盤」機能という観点から、事業者の自律性（≒契約形成、コード生成・実装の自由）を確保しつつ、間接的に統制することが肝要であろう。

（四）プラットフォーム〝への〟自由に向けて

ここで特に憲法・メディア法学の観点から見過ごせないのは、プラットフォーム・アクターが、ますます尊重されるべき「個人」（憲法一三条）を、自ら民主政の議論に参加する「主体」としてではなく、様々な場面で受動的な「客体」として扱っているという点にある。まさにクリストファー・ワイリーが、「ソーシャルメディア参加者は営利目的で利用される側だというのに『ユーザー』……と呼ばれ」ていると皮肉るように[40]、いまや私たち「個人」は、多面市場を形成するプラットフォームにとって広告主に対する「商品」であり、同時に自分好みの情報を与えられる「消費者」であり、プラットフォームの管理権内で「場」を利用させてもらっている「ユーザー」にすぎないのである。かくして私たちは、デジタル表現環境においては、プラットフォームがデザインしたアーキテクチャ（コード）の上で「自由」を謳歌することになるが、同時にそうしたプラットフォームが形成する「場」に、より積極的に参加し、能動的に関与することで主体性を取り戻す仕組みがますます不可欠となることだろう（プラットフォーム〝への〟自由）。

例えばサンスティーンは、インターネット上において人々は、虚偽言論に対する「訂正または撤回」の請求権や、デジタルミレニアム著作権法をモデルとした『通知及び削除を行う（notice and takedown）』権利」を持つべきと提案している[41]。加えて近時のある連邦最高裁判決の同意意見で、トーマス判事は、政府からの不利益処分などによる脅しがあって検閲代理人としてプラットフォームが機能するような場合には、プラットフォームにも修正一条上の制約が適用される可能性を示唆している[42]。他方、ジャック・バルキンはプラットフォーム上で、エンド・ユーザーに対するデュープロセス保障の必要性を説く[43]。この点では、法律上の制度ではないものの、Facebookが設置した「監督委員会」の仕組みが注目されよう[44]。以上のような権利（または制度）を、（その具体化は法律に委ねざるを得ないとしても）憲法（二一条）に基づくプラットフォームに対するユーザーの新しい権利として設定することも検討の余地があると思われる。その詳細は紙幅の関係もあるため、他日に期したい。加えて憲法・メディア法学における「感情」の役割についてはより踏み込んだ検討が今後必要になると思われる。この点についても、筆者の今後の検討課題としたい。(45)

（1）Word of the Year 2016, at https://languages.oup.com/word-of-the-year/2016/（最終アクセス日二〇二一年六月一四日）。
（2）田中幹人「ソーシャルメディアとは何か」国立国会図書館『ソーシャルメディアの動向と課題（科学技術に関する調査プロジェクト2019）』（二〇二〇年）一九頁。
（3）GLOCOM「Innovation Nippon 2019 報告書　日本におけるフェイクニュースの実態と対処策」（二〇二〇年三月）五四、五七‐五八頁。
（4）秦正樹「右も左も『陰謀論』だらけ？」『現代思想』四九巻六号（青土社、二〇二一年）一一七頁以下を参照。
（5）笹原和俊『フェイクニュースを科学する　拡散するデマ、陰謀論、プロパガンダのしくみ』（科学同人、二〇一八年）五四‐五八頁。
（6）榊剛史、鳥海不二夫「ソーシャルポルノ仮説の提案とその観測に向けて」人工知能学会全国大会論文集JSAI2018 (0), 2C201-2C201, 2018、一頁。
（7）なおフェイクニュース問題に関する我が国の取り組みについては、宍戸常寿「偽情報・誹謗中傷対策の法的課題」法律時報九三巻七号（二〇二一年）一頁以下を参照。
（8）*See*, Sonja R. West, *Presidential Attacks on the Press*, 83 MO. L. REV. 915 (2018).
（9）分極化政治については、吉田徹『アフター・リベラル　怒りと憎悪の政治』（講談社、二〇二〇年）二一頁以下を参照。
（10）リー・マッキンタイア（大橋完太郎監訳）『ポスト・トゥルース』（人文書院、二〇二〇年）三〇頁。

(11) A・R・ホックシールド(布施由紀子訳)『壁の向こうの住人たち　アメリカの右派を覆う怒りと嘆き』(岩波書店、二〇一八年)一九一頁。
(12) カリン・ウォール＝ヨルゲンセン(三谷文栄、山越修三訳)『メディアと感情の政治学』(勁草書房、二〇二〇年)二〇、二四頁。
(13) ヨルゲンセン・前掲注12　二三九-二四四頁。
(14) 田中・前掲注2　一二頁。
(15) https://www.youtube.com/watch?v=cQ54GDm1eL0(最終アクセス日二〇二一年六月一四日)。
(16) 読売新聞「加藤官房長官、フェイクの笑み…AIで悪意の改変」二〇二一年四月二八日。
(17) サミュエル・ウーリー(小林啓倫訳)『操作される現実　VR・合成音声・ディープフェイクが生む虚構のプロパガンダ』(白揚社、二〇二〇年)二〇八-二一〇九頁。
(18) イーライ・パリサー(井口耕二訳)『フィルターバブル　インターネットが隠していること』(早川書房、二〇一六年)を参照。
(19) キャス・サンスティーン(伊達尚美訳)『♯リパブリック　インターネットは民主主義になにをもたらすのか』(勁草書房、二〇一八年)を参照。
(20) クリストファー・ワイリー(牧野洋訳)『マインドハッキング　あなたの感情を支配し行動を操るソーシャルメディア』(新潮社、二〇二〇年)一八八-一八九頁。
(21) 最大判昭和六一年六月一一日民集四〇巻四号八七二頁。
(22) House of Commons Digital, Culture, Media and Sport Committee, *Disinformation and 'fake news': Final Report*, 18 February 2019, pp.5.
(23) AB-730 Section4 20010. (a).
(24) アメリカにおける虚偽表現と表現の自由の関係性については、松井茂記『表現の自由に守る価値はあるか』(有斐閣、二〇二〇年)二六四-二七五頁を参照。

（25）376 U.S. 254（1964）.
（26）567 U.S. 709（2012）.
（27）もっとも本判決にはブライヤーおよびケーガン判事の結果同意意見（虚偽の表現は修正一条の保護を一応受けるが、中間審査を適用すべき）、アリトー、スカリア、トーマス判事らによる反対意見が付されている。
（28）Cass Sunstein, *Falsehoods and the First Amendment*, 33 Harv. J.L. & Tech. 387, 425（2020）.
（29）Sunstein, *supra* note 28, at 406-407.
（30）*Id*, at 421.
（31）マシュー・ハインドマン（山形浩生訳）『デジタルエコノミーの罠　なぜ不平等が生まれ、メディアは衰亡するのか』（ＮＴＴ出版、二〇二〇年）一〇頁。
（32）ハインドマン・前掲注31　一〇一－一〇三頁。
（33）こうした「表現環境」に焦点を当てたアプローチを提唱したものとして、拙稿「思想の自由『市場』と国家：表現の自由の『環境』構築を考える」法律時報九二巻九号（二〇二〇年）三〇－三七頁を参照。
（34）最決平成二九年一月三一民集七一巻一号六三頁。
（35）Kate Klonick, *The New Governors: The People, Rules, and Processes Governing Online Speech*, 131 Harv. L. Rev. 1598, 1669（2018）. デジタル表現環境における「新たな統治者」論については、別稿が近時刊行予定である。
（36）日本経済新聞「米ツイッター、「ディープフェイク」投稿に警告ラベル」二〇二〇年二月五日。
（37）Devin Coldewey「Facebook の判別コンペはディープフェイク抑止に有望な第一歩」Techcrunch, 二〇二〇年六月一五日。
（38）「Yahoo! ニュース コメントの健全化に向けた取り組み」二〇二〇年六月二四日 at https://about.yahoo.co.jp/info/blog/20200624/newscomment.html.（最終アクセス日二〇二一年六月一四日）。
（39）newsHACK「Yahoo! ニュースの「コメント機能」ＡＩを活用した投稿時注意メッセージ掲出の効果について」二〇二一年二月六日 at https://news.yahoo.co.jp/newshack/information/comment_alert_20210216.html

（最終アクセス日二〇二一年六月一四日）。

（40）ワイリー・前掲注20　二八頁。

（41）Sunstein, supra note 28, at 413-414.

（42）*Biden v. Knight First Amendment Inst. at Columbia Univ.*, 141 S. Ct. 1220, 1226（2021）(Justice Thomas, concurring).

（43）Jack M. Balkin, *Free Speech Is a Triangle*, 118 Colum. L. Rev. 2011, 2018, 2044-45（2018）.

（44）https://oversightboard.com/（最終アクセス日二〇二一年六月一四日）。

（45）二〇二一年度春季総会報告において聴衆の先生方からのいくつもの貴重な質疑をいただき、すべてではないが本稿の執筆に反映をさせていただいた。この場を借りて厚く御礼を申し上げたい。

表現の自由の現代的展開

右崎正博
（獨協大学名誉教授）

はじめに

本稿は、二〇二〇年一二月一九日にオンラインで開催された憲法理論研究会の月例研究会での報告に基づくものである。私は、二〇一七年三月に定年退職を迎えたのを機に憲法理論研究会を退会させていただいた。そして、退職に際して勤務先の獨協大学法科大学院から最終講義の機会を与えられ、自らの研究を振り返りつつ本稿と同じタイトルで報告を行ったが、今回の研究会での報告を機に再度その課題と向き合うことができた。このような再考の機会を与えていただいた憲法理論研究会のご厚意に、改めて感謝申し上げたい。

一　表現の自由の伝統的理解と私の問題意識

表現の自由についての伝統的理解によれば、表現の自由の保障の核心は妨害排除的な「消極的自由」の保障にある。そして、「自由」とは「外的強制のない状態」をいい、「外的強制」を強いる主体は何よりも「国家」であるから、国家による強制の排除、国家による抑圧や制限からの解放が「自由」の保障の本質であって、「国家からの自由」ないし「国家の不介入」が「表現の自由」の保障の中心的な課題である、ととらえられてきた。

しかしながら、第一に、マス・メディアの登場によってメディアが「送り手」の地位を独占する状況が生まれ、国家対国民という対抗関係が、国家とメディアと市民という三極化した対抗構造へと変化し、同時に、第二に、福祉国家への移行に伴う国家の役割の変容によって国家への情報の集積が進行し、国家が情報の最大の「保有者」となり、最強の「送り手」となった現代国家においては「国家からの自由」ないし「消極的自由」に包摂しきれない、新しい課題が提起され、伝統的理論が修正を迫られているのではないか。――これが私の問題意識の出発点である。

表現の自由の伝統的理解が直面している困難な状況について、かつて芦部信喜教授は次のように指摘されていた。

「国家の無干渉に本質があるはずの自由権が、むしろ国家の積極的な介入・関与あるいは補助を必要とするという、自由権の伝統的な観点からはまことに逆説的な状況を、私たちはいまどう考えたらいいかという問題に逢着しているわけであります。」（芦部信喜『司法のあり方と人権』二二四頁、東京大学出版会、一九八三年四月）

私は、そのような指摘に触発されて思考を重ねながら、いくつかの成果を発表させていただく機会を得た。その一つが、「国家と人権――現代国家における言論の自由・覚書」と題した論稿であり、憲法理論研究会編『現代の憲法理論』（敬文堂、一九九〇年四月）二七九頁以下に採録された。もう一つが、

「現代国家と自由――言論の自由をめぐる現代的問題状況についての覚書」と題したもので、こちらは憲法理論研究会編『人権保障と現代国家』〈憲法理論叢書3〉（敬文堂、一九九五年一〇月）一二五頁以下に採録されている。いずれも憲法理論研究会における研究の成果であり、現代国家においては「国家からの自由」ないし「消極的自由」には包摂しきれない、新しい課題が提起され、伝統的理論が修正を迫られているのではないかという問題関心から考察したものであり、現代的課題に応えようとの意図から論じたものであった。

それらとほぼ同じ時期に、同じような問題意識からまとめたものに「現代メディアと『表現の自由』理論の課題」がある。こちらは、民主主義科学者協会法律部会の機関誌「法の科学」二二号（一九九四年一〇月）一五四頁以下に採録されている。

私自身の問題意識は、前述の芦部教授の指摘に触発されたことと同時に、私が研究生活を始めた一九七〇年代はじめの時代的背景にも大きな影響を受けている。その一端を思い起こすならば、一九六六年アメリカ情報自由法（Freedom of Information Act of 1966, 5 U.S.C.A. §552）の制定や Thomas I. Emerson 教授の一連の著作や論稿に大いに触発された。

アメリカ情報自由法は、政府が保有する情報への「開示請求権」を具体的権利として「何人」にも認め、九つの適用除外事項として法律が明示的に認める以外の情報については原則として請求に応じて公開する「義務」を政府に課すことを中心的内容としたものであり、そのような請求権的な権利を「Freedom」（自由）という観念のなかに位置づけるものであったし[1]、また、Emerson 教授の Toward A General Theory of the First Amendment（1966, Vintage Book）[2] および The System of Freedom of Expression（1970, Vintage Book）の二つの著作は、どちらも表現の自由の体系をより効果的にするための国家のaffirmativeな関与について言及していた。(3)

また、「プレスへのアクセス権」という発想を教えてくれたJerome A. Barron, Access to the Press──A New First Amendment Right, 80 Harv. L. Rev. 1641（1967）; do., An Emerging First Amendment Right of Access to the Media?, 37 George Washington L. Rev. 487（1969）にも大いに刺激を受け、後の反論権の考察へとつながる示唆を与えられた。

二　表現の自由の現代的問題状況と諸課題

そのような問題意識をふまえて、表現の自由をめぐる現代的局面とそれが提起する新しい課題群は、次のように整理できると思う。

(1)表現の自由の実質化のために国家が保有する情報の提供や公開が求められる局面
(2)国家が表現や言論、情報の直接の発信者として現れる局面
(3)国家が国民の表現活動の援助者（スポンサー）としての役割を期待される局面
(4)「受け手」の権利の実現のために国家が調整的な関与を行う局面

そして、それぞれの局面において提起される表現の自由をめぐる具体的な課題は、次のような問題を含むものと思われる。

(1)の局面では、「知る権利」に基づく情報公開請求権を具体的権利として保障する法制度の確立、また、そのインフラストラクチャーとしての十分な公文書管理法制を整備する課題

(2)の局面では、今や最強の発信者となった国家がさまざまな機会・手段を駆使して行われる「政府言

論」への憲法的統制を維持・確保できるような仕組みを構築していく課題
(3)の局面では、文化・芸術活動などの表現活動への公的助成のあり方をめぐる課題、「パブリック・フォーラム」や「公の施設」の利用をめぐって提起される紛争の解決に向けての課題
(4)の局面では、放送における「公正原則」の是非をめぐる課題や「反論権」の制度を通しての「受け手」の権利の実質化の課題、など

もちろん、私自身がこれらの広範な諸課題のすべてに取り組み、十分な答えを見出すことができているわけではないが、これまでの取組みのなかから主な論稿をあげれば、次のようなものがある。ただ、それぞれの論稿について詳しい説明を加える紙幅の余裕はないので、タイトルのみ掲記することで、ご容赦いただきたい。

(1)の課題に関連して、

・「情報公開法と『知る権利』——情報公開法の憲法的基礎づけをめぐって」自由と正義四八巻一号（一九九七年一月）一〇六頁以下
・「情報開示請求権と『知る権利』——情報公開法の憲法的基礎づけをめぐって」右崎正博・三宅弘編『情報公開法——立法の論点と知る権利』（三省堂、一九九七年一一月）二二頁以下
・「情報開示請求権と『知る権利』——開示請求権の法的性格とその憲法的基礎づけをめぐって」井出嘉憲・兼子仁・右崎正博・多賀谷一照編『講座・情報公開——構造と動態』（ぎょうせい、一九九八年一〇月）一三七頁以下
・「『知る権利』の法的構造——富山県立美術館コラージュ訴訟」法律時報七三巻二号（二〇〇一年二月）四四頁以下

・「情報公開制度と公文書管理法」右崎正博・三宅弘編『情報公開を進めるための公文書管理法解説』（日本評論社、二〇一一年三月）六二頁以下
・「情報法制の現状と公文書管理」自由と正義七〇巻七号（二〇一九年七月）八頁以下
(2)の課題に関しては、いまだ十分な取組みができていないが、「国家と人権――現代国家における言論の自由・覚書」前掲二九二頁以下に略述した。(4)
(3)の課題に関連しては、
・「『公民館だより』への九条俳句不掲載と表現の自由」さいたま地裁へ提出の意見書（二〇一六年九月二七日）において、本件の背景にある諸事情をふまえるならば、表現の自由を根拠として「公民館だより」への本件俳句の「掲載請求権」が十分に首肯し得ることを述べた。
・「『表現の不自由展・その後』展示中止事件と表現の自由」政経研究一一六号（二〇二一年六月）三頁以下において、表現の自由の保障と両立し得る文化・芸術活動への援助・助成のあり方に言及した。
(4)の課題に関しては、
・「反論権考――サンケイ新聞意見広告訴訟最高裁判決を契機として」法律時報六〇巻三号（一九八八年三月）九六頁以下、後に、杉原泰雄・樋口陽一編『論争憲法学』（日本評論社、一九九四年一一月）一三七頁以下に採録
・「名誉毀損と反論権」浦田賢治編『立憲主義・民主主義・平和主義』（三省堂、二〇〇一年三月）四〇二頁以下
・「名誉毀損と反論権――雑誌『諸君！』反論権訴訟」法律時報七一巻一三号（一九九九年一二月）

二五四頁以下

三　表現の自由への国家のアファーマティブな関与への批判

以上の諸論稿は、現代的問題状況の下にあっては、「消極的自由」ないし「国家からの自由」の典型とされる表現の自由の領域においても、表現の自由のより実質的な保障の実現のために、国家のアファーマティブな関与の余地が一定あり得るのではないかとの観点をふまえて問題提起をさせていただいたものである。

もちろん、表現の自由の保障のために国家に一定のアファーマティブな関与を認めようとする考え方に対しては、立憲主義がいまだ十分に確立されておらず、表現の自由に対する規制立法がしばしば登場する日本のようなところでは、「消極的自由」の保障の確立こそ第一に重要な課題であることはいうまでもない。例えば、芦部教授は、先に引用した著書の引用部分につづけて、次のように指摘されている。

「日本国憲法の人権論は、社会の変化に伴う新しい課題にこたえながら、『国家からの自由』を本質的な要素とする近代憲法の人権宣言の伝統的な原則を、今日においてもやはり原点に置かなければならないのではないか、と考えてまいりました。……現代法の考え方にあまりにも重点を置いて人権論を構成し、それで現代社会の人権問題を割り切ろうとしますと、自由権の保障が社会的権力に対しても直接に効力があるとか、あるいは自由権もまた国家の積極的な援助や関与を必要とするという観点から再構成しなければならないとか、というような立場をとることになりがちです。しかし、このような考え方は、人権保障という観点からはたいへん問題であり、また危険でもあると私は思うのです。」（芦部・前掲書一二四〜一二五頁）

そして、芦部教授のこのような指摘をふまえて、上述のような私の問題提起に対しても、佐藤幸治教授から次のような厳しい批判が寄せられている。

「経済的力関係によって大多数の国民が言論や情報とメディアから疎外されている現代国家状況下にあって、言論の多様性と情報の自由な流れを確保するため、国家が援助すべき積極的責務が二一条に含まれるとする説（A説。右崎正博）がある。しかし、このような一般的な積極的責務を二一条に読み込むことは、『表現の自由』の保障の体系に何をもたらすであろうか。このA説も、『消極的自由』を確立することを前提に、積極的措置は『モア・スピーチ』の手段を与えることおよび内容中立的であることを原則とすべきであるとするが、『消極的自由』の確保自体が不断に微妙かつ困難な課題であることを考えるとき、にわかに賛同できないものがある。

そこで一般には、二一条にこのような読み込みをなすことには消極的である（B説。芦部信喜）。」（佐藤幸治『日本国憲法論』二五三頁、成文堂、二〇一一年四月）(5)

確かに、近代立憲主義国家として未成熟な日本は、国家と社会の両面で多くの課題を残している。例えば、「基本的人権」の観念さえも十分には根づいていないにもかかわらず、基本的人権の観念それ自体を否定するような改憲論が語られている現状があり、(6)「健全な民主主義の根幹を支える国民共有の知的資源」（公文書管理法一条）であるはずの公文書が改ざんされ、隠ぺいされ、違法に破棄されてきた事実があり、政府が自らの諸活動について有する国民への「説明責任」も十分に果たされてきていない(7)この国の民主主義の成熟度に深刻な疑問が呈される現状にある。

表現の自由の領域においても、一方で公安条例や破壊活動防止法、団体規制法など、古典的ともいえる治安立法群がいまだ十分に清算されないまま、報道の自由や国民の「知る権利」に新たな制限を導入した「特定秘密保護法」の制定が強行されてきた。このような現状について、私自身は、近代以前の諸問題を十分に克服できないまま、現代的諸課題に直面するに至り、「二重の課題に直面する表現の自由」と述べたことがある。(8)

要するに、立憲主義の観念が十分に定着していないだけでなく、それを排斥しようとする潮流さえある日本の現状においては、「国家からの自由」、「消極的自由」の確保自体が依然として大きな課題でありつづけている。しかし同時に、現代的問題状況に直面し、表現の自由の領域においても、新たな課題が提起され、それに対する関心と十分な配慮が求められているのも事実である。(9)

例えば、国政に関する圧倒的な情報を保有する国家（政府機関）に対して「知る権利」に基づき情報公開制度を設けて情報開示請求を「具体的権利」として保障していくことは、人権保障という観点からも民主主義という観点からも是認されるであろうし、また、「受け手」の権利保護を目的として言論の多様性と情報の自由な流れを確保するための立法や法制度を具体化するような国家の調整的な関与は是認され得るのではないか、と考える。

四　アファーマティブな国家関与の限界

このように、今もなお「国家からの自由」、「消極的自由」の確保自体が依然として大きな課題でありつづけている日本の現状においては、表現の自由の実質的な保障のために求められるアファーマティブな国家の関与も、あくまで調整的ないし補完的な関与にとどめられる必要がある。もちろん、私も、国家の関与が自由権の「本質的要素」であるとか、現代国家に要請される「一般的な責務」であるとまで主張しようとするつもりはない。

したがって、アファーマティブな国家の関与を認めるとしても、その限界をあらかじめ見極めておくことは必要不可欠である。そのよう観点からみると、次のような諸点が留意されるべきであると考える。[10] 第一に、「消極的自由」の保障の確立を前提とすること、第二に、言論の機会の平等性の確保を目的とし、言論の多様性の確保と対抗的言論や反論の機会を保障する「モア・スピーチ」の方法を原則とすべきこと、また、国家の関与は、内容的中立性が原則とされなければならないこと。さらに、第三に、「受け手」である一般の国民の自発性（参加と監視、異議申立て）に支えられるような制度が工夫されるべきであると考える。[11]

（1）世界人権宣言や市民的及び政治的権利に関する国際規約一九条の普遍化をめざす人権団体であるArticle 19 et al., The Johannesburg Principle, Oct. 1, 1995（飯野守訳「国の安全、表現の自由及び情報へのアクセスに関するヨハネスブルク原則」法律時報六八巻一二号七三頁）にも継承されている。参照、Sandra Coliver, Paul Hoffman, Joan Fitzpatrick and Stephan Bowen ed., Security and Liberty: National Security, Freedom of Expression and Access to Information, 1999, Martinus Nijhoff Publishers. ここでも、表現の自由には「あらゆる種類の情報および考えを求め、受けおよび伝える自由」とともに、「公的機関から情報を得る権利」も含まれるとされる（pp.55-58, 60-62）。

（2）同書の訳書である、T．I．エマースン（小林直樹・横田耕一訳）『表現の自由』（東京大学出版会、一九七二年一二月）も参照されたい。

（3）他にも、Emerson, Legal Foundations of the Right to Know, 1976 Washington Univ. L. Q. 1; do., The

Affirmative Side of the First Amendment, 15 Georgia L. Rev. 795 (1981) などの論稿もたびたび参照した。

（4）「政府言論」（Government Speech）に関しては、Mark G. Yudof, When Governments Speak: Toward a Theory of Government Expression and the First Amendment, 57 Texas L. Rev. 863 (1979), do., When Government Speaks: Politics, Law, and Government Expression in America (Univ. of California Press, 1983); Steven Shiffrin, Government Speech, 27 UCLA L. Rev. 565 (1980), do., The First Amendment, Democracy, and Romance (Harvard Univ. Press, 1990) などから多くの示唆と刺激を得た。

（5）佐藤教授による私見への批判は、初宿正典・大石眞・松井茂記・市川正人ほかによる『憲法　人権　Cases and Materials【展開編】』（有斐閣、二〇〇五年八月）第一一章「表現活動に対する国家の援助」の節に、芦部信喜『司法のあり方と人権』（前掲）の一部とともに、拙稿「現代国家と自由――言論の自由をめぐる現代的問題状況についての覚書」（前掲）の一部が資料として採録されていた（三三八－三三九頁）ことが念頭に置かれたためではないかと思う。また参照、佐藤幸治『日本国憲法論〔第2版〕』（成文堂、二〇二〇年九月）二八二頁。

（6）自由民主党「日本国憲法改正草案」（二〇一二年四月二七日）、同「日本国憲法改正草案Q＆A」（二〇一二年一〇月）一四頁以下など。

（7）右崎正博「公文書の改ざん・隠ぺいと民主主義」法律時報九一巻三号（二〇一九年三月）八六頁。

（8）右崎正博「二重の課題に直面する表現の自由　その現代的局面を展望する」Journalism no.324, p.59 (May, 2017).

（9）現代的側面からの考察の試みとして、右崎正博「日本国憲法施行70年と『表現の自由』理論の展開」法律時報増刊『戦後日本憲法学70年の軌跡』（二〇一七年五月）一二一頁以下。

（10）以下の諸点については、右崎「現代国家と自由――言論の自由をめぐる現代的問題状況についての覚書」（前掲）一三五－一三六頁も参照されたい。

（11）この点に関連して、右崎「反論権考――サンケイ新聞意見広告訴訟最高裁判決を契機として」（前掲）のなかで、制度の実効性確保の手段も、刑罰による強制というような方法ではなく、当事者の申立てをまって司法が事後的に関与して救済を図るような民事的手続がとられるべきであるとを述べた。それに対して、石村善治「表現の自由の問題状況」公法研究五〇号、一九八八年、後に石村善治『言論法研究Ⅰ（総論・歴史）』（信山社、一九九二年一二月）三頁以下に所収の論稿において、「反論権について右崎正博『反論権考』（法律時報一九八八・三）は、反論権を広く認めることを肯定した上で、メディア側に及ぼすチリングイフェクトを最小限にとどめる方法を考察し、民事的司法手続きによるべきで『国家の行政的関与、とくに刑事〔的〕手続きによる強制は、直接的な言論への干渉を生むおそれがあるので、認められるべきではない』としている。傾聴に値する見解と思われる。」（二八頁の注（1））との評価をしていただいた。

勝訴する政治家の対メディア型名誉毀損訴訟
――「現実的悪意の法理」導入の可能性　再論――

山田隆司
（創価大学）

はじめに

マス・メディア（以下「メディア」とする）を相手取った政治家による名誉毀損訴訟が増加傾向にあり、原告政治家側の勝訴率も上昇傾向を示していることが筆者による名誉毀損訴訟の経年調査で分かった(1)。こうした傾向は、政治家に関する批判的報道を萎縮させるなど「表現の自由」に影響を及ぼしている可能性がある。本稿では、その一因として司法の判断枠組に着目した。すなわち、政治家の名誉毀損訴訟に関する判例法理を、一般市民と同じ枠組で扱う「相当性理論」(2)から、メディアの「表現の自由」をより手厚く保障する「現実的悪意の法理」へ変更する可能性について、政治家に関しては「ある程度乱暴な批判」も許容されるべきであるとする議論を参照し(3)、「国民主権・民主主義の原理」および「反論可能性」という二つの観点から検討した。二〇〇八年の拙著『公人とマス・メディア』では現実的悪意の法理を採用すべきであるとの主張を展開したが、その後も政治家の名誉毀損訴訟が増加傾向にあるだけでなく勝訴率も上昇していることから、現実的悪意の法理の導入可能性を再論することとした。

一　政治家の名誉毀損訴訟調査の結果

政治家の名誉毀損訴訟に関する経年調査の結果によれば、「政治家対メディア型」の名誉毀損訴訟において原告となった政治家は延べ六六人であり、七九のメディア（メディアに関わる個人を含む）を相手に名誉毀損訴訟を提起し、一二八の司法判断（判決および決定）が示された。この司法判断数の推移は、一九八〇年代の二、一九九〇年代の一九、二〇〇〇年代の五二、二〇一〇年代の五五であり、年平均にすれば数件と多くはないものの、増加傾向にあると言える。また、政治家の名誉毀損訴訟における原告の請求が認められた、いわゆる「原告勝訴（一部勝訴を含む）」の割合は、一九八〇年代が一〇〇％（勝訴二、敗訴〇）、一九九〇年代が五七・九％（勝訴一一、敗訴八）、二〇〇〇年代が五九・六％（勝訴三一、敗訴二一）、二〇一〇年代が八〇・〇％（勝訴四四、敗訴一一）であり、訴訟自体がわずかであった一九八〇年代を除き、年代ごとに勝訴率が上昇している。メディアの業界ごとにみると、雑誌に関する名誉毀損訴訟における原告政治家の勝訴率は、二〇〇〇年代で七三・一七％、二〇一〇年代で七三・六八％と高い水準を維持している。

二　政治家の名誉毀損訴訟における判例変更の可能性

名誉権と表現の自由との調整については最一小判昭和四一年六月二三日民集二〇巻五号一一一八頁が相当性理論を導入し、判断枠組が確立した(4)。相当性理論とは、真実性の証明に失敗した場合でも、事実を真実と信じたことに「相当の理由」があれば免責する判例法理である。これは名誉権保護と表現の自由保障を憲法的に調整しようとした点で画期的なものと評価されたが、「相当の理由」という表現は抽象的であり、メディアには裁判で相当性が認められるかどうか編集・公表段階で予測がつきにくく、実際の訴訟では「相当の理由」の判断がメディアの実情とかけ離れ、相当性を容易に認めない「厳格化」の流れが定着した、と言われている。(5) 政治家の名誉毀損訴訟における原告政治家側の勝訴率の高さは、各事例で丁寧な判断がなされているはずであるが、全体的な傾向としては相当性を認めない結果が集積されたことなどによるとの指摘がある。

そこで、アメリカの現実的悪意の法理に注目したい。この法理は、アメリカ連邦最高裁判所が一九六四年判決(6)において、公職者が職務に関して名誉を毀損された場合、表現者の「現実的悪意」――それが虚偽であることを認識して、あるいは虚偽か否かを無謀にも無視してなされたこと――を立証しない限り損害賠償を得ることができない、と宣言したものである。判決は「自由な討論において誤った言説は不可避であり、表現の自由が『生き残ることに……必要とする』ところの『息をつくスペース』を持つためには、それは保護されなければならない(7)」と述べた。

このように公人に対する名誉毀損に私人とは異なる判断枠組を設定することは日本においても認められるか。本稿では、政治家の名誉毀損訴訟における相当性理論から現実的悪意の法理への判例変更について、(一) 国民主権・民主主義の原理、(二)「反論可能性」という二つの観点から検討する。(一) では判例変更すべきとする「必要性」、(二) では変更しても構わないとする「許容性」を考える。

(一)「国民主権・民主主義の原理」の観点から

最高裁判所は、北方ジャーナル事件判決（最大判昭和六一年六月一一日民集四〇巻四号八七二頁）で、「主権が国民に属する民主制国家は、その構成員である国民がおよそ一切の主義主張等を表明するとともにこれらの情報を相互に受領することができ、その中から自由な意思をもつて自己が正当と信ずるものを採用することにより多数意見が形成され、かかる過程を通じて国政が決定されることをその存立の基礎としているのであるから、表現の自由、とりわけ、公共的事項に関する表現の自由は、特に重要な憲法上の権利として尊重されなければならない」と判示した。以下、政治家の名誉毀損訴訟において国民主権・民主主義の原理に関連すると解しうる下級審の判断例をいくつかみる。

小川敏夫法相 対 週刊文春事件一審判決（東京地判平成二五年一月二一日判時二一八五号五八頁）では「国会議員を始めとする政治家については、公務以外でも清廉であることが求められるのであり、その言動につき主権者たる国民からの批判を受けるべきことに照らせば、確定的な事実との裏付けはなくとも、違法行為を行った合理的な疑惑が存在する場合、その疑惑を追及し、社会に広く知らしめることには、少なからぬ社会的価値があ」るとした上で、「報道機関が、そのような社会の要請に応えるべく、政治家による違法行為の疑惑につき独自に取材し、相当な根拠に基づき報道することは、憲法二一条により保障された報道の自由ないし表現の自由の行使として尊重されるべきであり、……当該政治家の社会的評価が低下し、名誉が毀損されることになったとしても、上記権利行使に付随する不可避的な結果として受忍すべき場合がある」としてメディアの政治家報道に一定の理解を示した⑻。

森喜朗首相 対『噂の真相』事件判決（東京地判平成一三年四月二四日判時一七六七号三二頁）では「原告は、政治家で、しかも内閣総理大臣の地位にあるから、その資質、能力、品格は政治的、社会的に厳しい批判に、時として揶揄にさえ、さらされることは避け難い立場にある」と述べた上で、「内閣総理大臣は内閣の首長として行政権を掌握する立場にあり、その経歴、思想及び言動が政策判断に少なからぬ影響を及ぼすことから多大な国民の関心を受ける」とした。そして「本件各記事は、現職の内閣総理大臣の前歴、多数の女性問題及び不正な献金受領等の事実を摘示し、原告が内閣総理大臣としての適性を欠く旨を指摘するものであり、この指摘は国民の正当な関心にこたえる事柄に関するものである」として本件各記事の公共性、公益性（公益目的）を認め、「原告の内閣総理大臣としての地位に鑑みれば、学生時代の前歴はその地位の適性を判断するのに無関係な事項とはいえず、国民の正当な関心の対象となりうる事柄というべきである」として原告の主張は採用できないとした。

このように裁判例では、原告の政治的立場を公共性、公益性において検討するものが目立つ。例えば、中川秀直内閣官房長官　対　フォーカス事件一審判決（広島地判平成一六年一二月二一日判タ一二〇三号二二六頁）では「国会議員は、国民の代表として立法に携わる立場にあり、その経歴、思想及び言動は国民の大きな関心の対象となる」などとして、本件記事が摘示・示唆する事実の公共性・公益性を認めた。山崎拓自民党幹事長　対　週刊文春事件判決（東京地判平成一五年九月八日ＬＬＩ／ＤＢ判例番号Ｌ０５８３３６５３）では、被告メディア側が「国民に対して、原告の政治家としての適格性に関する判断材料を提供する目的で本件記事を執筆した」として公益性を認めた(9)。

また、地方議会議員に関する名誉毀損訴訟であるが、厳格化が指摘される相当性理論について、民主主義を根拠に緩和する解釈をしたと解しうる司法判断もある。例えば、東京都議会議員に関する地域紙の報道について東京高判昭和五三年九月二八日（東高時報二九巻九号二〇四頁）では、相当性を認めるには事実を裏づける資料または根拠が必要であるとした上で、「報道機関だからといって取材活動につき特別の調査権限が与えられているわけではなく、また、報道に要求される迅速性のために、その調査にも一定の限界が存することに思いを致せば、裏付資料や根拠に高度の確実性を要望することは許されず、殊に、当該記事が本件のごとく政治に関するものである場合には、個人の名誉侵害に対する責任を追及するに急な余り、報道機関を畏縮させて民主主義政治の支柱たる報道の自由を損わないよう配慮すべきであるから」、相当性については「報道機関をして一応真実であると思わせるだけの合理的な資料又は根拠があることをもって足りる」などと判示した(10)。

学説における議論はどうか。芦部信喜が、そもそも名誉毀損的表現は特に公務員など公人が対象の場合には国民の知る権利にも関わる重大な問題である(11)、とするのを始め、広い意味で国民主権・民主主義の原理の観点から論じるものが少なくない(12)。例えば、浜田純一は、政治家に対する名誉毀損は表現の自由にとって古典的なテーマであり、政治家が、正当な批判に圧力をかける目的で、あるいは自己弁護の政治的メッセージとして名誉毀損法を利用している疑いのあるケースが見受けられるとした上で、国民主権・民主主義の原理から、選挙で選ばれる政治家の適格性についての議論は、とりわけ自由でなければならないとし、政治家には、「ある程度乱暴な批判」であったとしても、これを抑圧するのではなく、正面から疑問に答えていく姿勢が求められる、と主張する。こうした考え方を推し進めた理論として現実的悪意の法理を挙げ、この法理は実際上、悪意による以外の名誉毀損を全て免責する効果を持ちうるものであり、この法理採用によってアメリカでは政治家などに対する名誉毀損は「死んだ」と形容され、政治家などに対するより自由な批判の余地を認める一方、「ある程度乱暴な批判」に耐え抜ける資質を、政治家などにより強く要求する、としている(13)。

メディア報道の役割を考える際には、私人と公人を分けて考える必要がある。私人は犯罪に関与した場合など正当な公的関心事となった時、初めて報道対象となるのに対し、公人とりわけ公選の公職者たる政治家は公職にふさわしいか全人格的なチェックを受けるべきであるから、職務関連行為のみならず私的行為についても批判を甘受しなければならない(14)。実際の裁判例においてもメディアを提訴した政府高官が判決において、「相当性の範囲を逸脱しないものとして許されるべき……批判、論評によって一審原告の名誉ないし名誉感情が侵害されても、それは政務次官という要職にあった一審原告において受忍すべき事柄である」[15]と指摘されているものがある。国政の判断材料を入手し、主権者たる国民に伝達するのはメディアの役割であり、政治家は国民のチェックという観点からの批判を受忍しなければならない。このように政治家は、私人とは異なった社会的地位・役割を持っている上、国民の知る権利、あるいは国民主権・民主主義の原理との関係からも、対象の地位が公的であればあるほど、名誉保護の要請よりも表現の自由保障の要請が優越すると言えるから、公人であるかどうかに焦点を当て、公人については私人とは異なる名誉毀損の法処理がなされ、その名誉権を私人よりも特に制約することができると思われる[16]。つまり、政治家については、国民主権・民主主義の原理の観点から、名誉毀損訴訟において私人と異なる判断枠組に判例変更されるべきである（必要性が認められる）のではないかと考えられる。

（二）「反論可能性」の観点から

政治家は、私人とは異なり、メディアへのアクセスを有し、自らに関する批判的表現に対して「反論可能性」があるのではないかについて検討する。現実的悪意の法理では、公人と私人との区別[17]の一つとして「メディアへのアクセス（access to the media）」の有無が検討される[18]。これは、名誉を毀損された場合、効果的にメディアを通じて自力救済することをいう。公人には反論能力があるとされ、政治家に典型例が見られるように、事実が虚偽ならば反論の記者会見を開くことができる。会見はニュースとして報道され、提訴などの段階でも重ねて報じられることがある。確かに、メディアの社会的影響力が強大化し、反論能力があるとされた公人も、強大なメディアには自力で太刀打ちできない状況にある、という見方も成り立ちうる[19]。しかし、公人とりわけ政治家は、メディアを通じて自己の言い分を社会に発する反論能力が私人より格段に高いことは明らかであろう。法的救済策はなくとも、記者会見などで事実上の救済を自ら行えるから、虚偽の事実が「情報の市場」に混入されたままになる訳ではない。このように、虚偽の言説に反論・訂正しうる可能性が私人よりも大きい政治家は「メディアへのアクセス」という要件を充たすと考えられる。日本の裁判においても、こうした主張がメディア側からなされる場合がある。例えば、「真実性の立証責任の分配については、公平の観点に立ち、真実性立証の難易、証拠との距離等を考慮し、個別事例ごとに定めるべきであり、特に公人の場合にはメディアにアクセスして反論することが容易であるから、公人側に立証責任を負担させることの弊害はない」と主張する場合である。[20]

学説はどう考えているか。松井茂記は、メディアにアクセスできる公人の場合、名誉毀損に対して基本的に表現で対抗すべきであり、批判される人が政治家なら言論には言論で反論せよという「対抗言論」が求められる、[21]と主張するのを始め、広い意味で反論可能性の観点から議論を展開するものが少なくない。[22]例えば浜田純一は、「ある程度乱暴な批判」も許容されるべきであるという考え方の背景には、国民主権・民主主義の原理に基づく理由に加え、政治家は一般の国民とは異なり、批判に対する反論の場や手段を有しているという議論も挙げうるという。政治家は反論可能性を本来的に有しているという前提に立ち、つまり、少々乱暴な批判があっても政治家の社会的評価が直ちに低下する訳ではないという出発点に立ち、政治家に対する名誉毀損の成否のレベルで、反論可能性に関する事情の検討も可能ではないかとする。このような反論可能性が自明の前提とされるならば、政治家に対する名誉毀損の成立の余地が狭められ、報道・表現の自由がより広く保障され、現実的悪意の法理のような考え方に近づくことになる、と主張している。[23]

司法判断においても、原告政治家の反論可能性に言及したと解することができる判示がある。例えば、中山正暉元建設相 対 石原慎太郎元都知事事件判決は「原告は当時、現職国会議員で、発言の真意を誤解した批判的意見に反論する機会があった」とした[24]。また、渡辺美智雄元副総理兼外相 対 TBS事件判決（東京地判平成八年七月三〇日判時一五九九号一〇六頁）では、原告政治家が本件の放送後「国会での答弁のほか、新聞、テレビ、週刊誌等多数のメディアにおいて、……事実を否定して反論を行」ったことなどを指摘し、名誉回復の措置として謝罪広告・謝罪放送の必要性を否定した。

メディアへのアクセス、反論可能性の実例では例えば、野中広務は、内閣官房長官当時、記者会見において、野中が野党党首に内閣官房機密費から金を支払った噂があるとした月刊誌記事について、「書かれたことは全くの事実無根。政党と政治家の名誉にかかわる問題なので、政治生命をかけて申し上げておきたい」と述べた。野中は別の雑誌記事についても「見てきたようなうそが書かれている」とした[25]。

このほか二〇〇〇年以降の名誉毀損訴訟だけでも、菅直人衆議院議員らが新潮社を提訴したことで記者会見を開き、それが報道された（読売新聞二〇〇一年一一月三日付）のを始め、衛藤征士郎衆議院議員が毎日新聞社を提訴した記者会見（読売新聞二〇〇二年四月一三日付）、横峯良郎参議院議員が新潮社を提訴した記者会見（読売新聞二〇〇七年八月二九日付）、船田元・元衆議院議員が新潮社を提訴した記者会見（読売新聞二〇一〇年二月三日付）などの報道がある。

このように政治家は名誉を毀損されたとしても一般市民とは異なりメディアへのアクセスを有し反論可能性が認められるから、政治家に対する名誉毀損訴訟において私人と異なる「表現の自由」を手厚く保障する判断枠組に判例変更されるべきである（許容性が認められる）のではないかと考えられる。

三　新たな枠組を導入する可能性

以上のように、相当性理論という判例法理は、相当性の判断においてメディアの予測可能性の点で問題が指摘される上、メディアの「表現の自由」に配慮をみせる裁判所があったとしても、ごく一部に過ぎないことなどから、相当性理論を変更することに一定の必要性および許容性が認められうると思われる。そうだとすれば、公職者らに関する「表現の自由」を手厚く保障する「現実的悪意の法理」を導入する可能性が開けてくる。しかし、この法理は日本の裁判所において、現状、ほぼ受け入れられていないと言える。被告メディア側が導入を主張しても否定されている(26)。

もっとも、現実的悪意の法理に影響を受けた可能性のある下級審判決が皆無という訳ではない(27)。例えば、前出・東政務次官に関する東京高判平成九年一〇月一六日は、一審被告・新潮社側が一審原告の代理人弁護士から資料を提示するので事務所に来られたいとの要望を受けながら、締切まで時間がないとの理由で電話取材をしたのみという取材方法は、やや不十分との誹りを受けてもやむを得ないとしつつ、「現実に締め切り時間を無視することができないマスコミの実状を考慮の外におくことは実際的ではないし、……一審原告の地位にかんがみれば、時間と経費を十分にかけて詳細な取材を尽くして正確無比な報道をすることを犠牲にしても、早期の段階で、一部ではあっても確定した事実をもとに推論を加えて批判的論評をする等の報道をし、主権者である国民に対して投票等の政治行動に対する判断の基礎・基準を提供するなどの報道姿勢をとることも、許されないものではない」とした上で、一部記事の事実摘示部分の真実性を肯定し、論評部分にも不当な論評というべき部分はないとして、取材方法に不十分な部分があっても、名誉を毀損された一審原告による損害賠償請求を否定した。

そもそも、表現対象者が「公人」か否かという問題提起について、日本の判例法理は表現対象者に焦点を当てた議論はせず、摘示事実が「公共の利害に関する事実」に当たるか否かという内容に焦点を当てた規範になっていることから、日本では法的には余り実益のある議論でないとする見解がある。(28) この見解は、「公人」か否かという問題を論じるならば「公共性」に関する種々の考慮要素を検討する必要があるとし、その考慮要素として「問題とされている人物の権力・権限の有無やその程度」を挙げる。当該人物が首相や大臣、国会議員など権力・権限を有する者であれば、その人物に関する事項は開示され、議論・批判の対象にされなければならないとする。そうであるとすれば、こうした政治家に関する情報は、広く流通し論議されるために免責枠組を変更するべきであると言えるのではなかろうか。確かに、日本の判例法理では名誉毀損の免責枠組は確立していると言われるが、そうした検討の仕方は、あくまで最高裁判例によって導入されただけであり、永久不変の法理という訳ではない。前出・東京高判昭和五三年九月二八日のように、相当性の立証の程度を緩和している司法判断もある。不断の検討を重ね、表現の自由と名誉権の調整をより適切に図ることが求められる。

おわりに

最後に、メディアの「表現の自由」が今後どのような方向に向かうのかを問い直す。もちろん、名誉毀損訴訟の判断枠組が変更され、メディアの「表現の自由」にとって「息をつくスペース」の広がることが望ましい。しかし、判断枠組が変更されなくても、メディア自身が政治家による名誉毀損訴訟において、できるだけ敗訴しないように取材方法の再検討が必要である。その鍵は「裏づけ取材の濃密化」であると考える。締切時間という制約の中、本人への確認取材は当然のこととして、周辺の複数の関係者に事実の裏づけ取材をどれだけ行い、取材ノートなどに記録したかが問われる。図式的には「取材対象の人数×取材内容の詳細さ」が濃密化の具体例として示すことができる。こうした取材を徹底していけば、たとえメディアに厳しい司法判断が下されたとしても、市民はメディアの「表現の自由」を認め、支持するであろう。

（1）山田隆司「政治家の名誉毀損訴訟」創価法学五〇巻二号七三頁（二〇二〇年）。なお、本稿では紙幅の都合上、必要最小限度の注釈にとどめる。
（2）「真実相当性の法理」「『相当の理由』論」などとも呼ばれる。
（3）浜田純一「政治家に対する名誉毀損」法時六九巻一三号二三五頁（一九九七年）。
（4）この項、全体的に山田隆司『公人とマス・メディア』四頁以下（信山社、二〇〇八年）参照。
（5）松井茂記『マス・メディア法入門〔第五版〕』一二〇頁（日本評論社、二〇一三年）、鈴木秀美「表現の自由と名誉保護」棟居快行ほか編集代表『プロセス演習憲法〔第四版〕』一五二頁（信山社、二〇一一年）照。
（6）New York Times Co.v. Sullivan ,376 U.S. 254 (1964).
（7）Id. at 270-72.
（8）しかし本件記事が合理的な根拠に基づくことを認めずメディア側を敗訴させた。
（9）竹中平蔵経済財政相 対 フライデー事件判決・東京地判平成一六年九月一四日LLI／DB判例番号L05933722では、「国務大臣という重職にある者について、国民にその適格性を判断する情報を提供する行為は、特段の事情のない限り、公益を図る目的でしたものと認められる」とした。
安倍晋三内閣官房副長官 対『選択』事件判決・東京地判平成一八年四月二一日判時一九五〇号一一三頁では、原告が重要な地位にあったことを重視し、「厳しい批判についても、ある程度甘受すべき」と判示した。
（10）結論は相当性を認めずメディア側敗訴。埼玉県議会議員の名誉毀損訴訟における東京高判平成一四年五月二三

日東高時報五三巻一〜一二号二二頁も参照。
(11) 芦部信喜＝高橋和之補訂『憲法〔第七版〕』一九八頁（岩波書店、二〇一九年）。
(12) 例えば、松井・前掲注（5）一二〇頁、浦部法穂『憲法学教室〔第三版〕』一六九頁以下（日本評論社、二〇一六年）。
(13) 浜田・前掲注（3）二三五頁。
(14) この章、全体的に山田・前掲注（4）一一六頁以下参照。
(15) 東京高判平成九年一〇月一六日判タ九九四号二一五頁。東力・建設政務次官が新潮社を提訴した事件。
(16) 坪井明典「報道の自由と名誉保護との調和」自正二〇〇五年九月号一三八頁以下。
(17) 京野哲也「私人の名誉は公人の名誉より軽いか（1）」判タ一二五〇号三三頁（二〇〇七年）参照。
(18) Rodney A. Smolla, Law of Defamation 2-24 (2nd ed. 2002).
(19) 清水公一「アメリカにおける表現の自由と名誉権の調整」法学政治学論究一〇号一八二頁（一九九一年）。
(20) 広島地判平成一六年一二月二一日判タ一二〇三号二二六頁・中川秀直内閣官房長官対フォーカス事件。
(21) 松井茂記『マス・メディアの表現の自由』一〇二、一〇六頁（日本評論社、二〇〇五年）。
(22) 例えば、棟居快行『憲法学の可能性』二九七頁（信山社、二〇一二年）。
(23) 浜田・前掲注（3）二三五頁以下。
(24) 読売新聞二〇〇四年一月一四日付。
(25) 朝日新聞一九九八年一一月六日付。
(26) 例えば、桜田義孝衆議院議員 対 週刊新潮事件判決・東京地判平成一六年三月二三日ＬＬＩ／ＤＢ判例番号Ｌ０５９３１２５５。
(27) 判タ九九四号二一六頁。
(28) この段落、佃克彦『名誉毀損の法律実務〔第三版〕』四七三頁以下、四六四頁以下（弘文堂、二〇一七年）。

「学問の自由」考察の上での留意事項

守矢健一
（大阪市立大学）

一　日本の近現代史のなかで「学問の自由」概念を考察することの難しさ

大日本帝国憲法には学問の自由について定めを置いていない。これに対して日本国憲法はその第二三条に「学問の自由は、これを保障する」と定めた。「学問の自由」という定式が憲法上に意味があるものになったのは、このとき以来である。もちろん日本国憲法制定以前にも、学問の自由と関連する観念の憲法的考察が行われて来た。だがこの観念は「学問の自由」ではなく、当初は「大学の独立」、次いで次第に「大学の自治」という定式によって扱われた。このような言語実践の伝統ゆえ、日本語による「学問の自由」観念の法的含意の明瞭化は困難になる。第一に「学問の自由」が「自由」という言葉を媒介して個人の基本権の観念と癒着することがある。第二に「大学の自治」の下に形成された憲法上の言説を通じて、大学（人）の——市民社会の裏打ちを持たない、いわば自己申告による——知的優越が確保される嫌いがある。

戦前における日本の「大学の自治」をめぐる議論の蓄積は、「学問の自由」の考察にとって欠かせない。ただ、「大学の自治」の名に包摂される現象の数々には、そもそも学問の自由以外の様々の論点（例えば意見表明の自由）が混線している。

寺崎昌男は、ヨーロッパにおいて大学が中世に始まる長い歴史を経て現在の形をとるに至ったのに対して、日本の近代的大学は近代公教育制度の成立と不可分に形成されてきたことを的確に指摘している。社会の自発的発展というよりむしろ国家により形成された法制度を通じて大学の営みが生み出されてきたというわけである。(1) このような、日本とヨーロッパとの間に横たわる歴史的前提の相違の指摘には重みがある。

二　ヨーロッパ近代における《学問》の自立化過程の一齣

まず、《学問》という言葉について最低限の交通整理をする。

知識に批判的な吟味を加え、妄想に対して機会を封ずる、という考え方をどこまで歴史的に遡行し得るだろうか。紀元前六世紀半ばのギリシァの、たとえばエレアの人パルメニデス（紀元前五世紀初頭）は、どうか。(2) こうした端緒が切れ目なく現在にまで継続したわけではない。古典古代の再発見は近世の曙に生ずる。それは、これまでの自らの世界を構成した言語の体系に、古典古代を対比させ、従来の意味論を相対化する試みであり、大航海時代と並行している。デカルトは、考える自分にまで退却することを通じて哲学することの原理を探究しようとした。デカルトの衝撃を受けて、哲学する自由を神学的文脈から丹念に抉り出したスピノザも知的震源を形成するであろう。(3) こうした近世以降の議論の成層のなかに、カントも位置づけられる。カントは自然科学の展開を手本として、形而上学の考え方(Denkart)の《コペルニクス》的転回を目指した。それは認識理論の洗練と関連づけられている。厳密な認識を得るために、客体に係る認識を客体に係る因襲的な印象から切り離す必要があり、そのために認識の前提を問い、客体に係る印象を批判する可能性を拓くこと（因襲的印象を認識でないと批判すること）。カントは、学問の基礎に批判的な認識の探求を置いた[4]。

カントの批判的認識論は、カント以降の観念論哲学を構造的に規定したし[5]、狭い哲学の領域を遥かに超えて、一八世紀末の知的に鋭敏なドイツの若者（法学者であるサヴィニも含まれる[6]）に知的革新の源となった。ライン河の向こう側で生じている革命と、ドイツ語圏における市民文化の根源的展開と、という、いわば構造史的文脈が背景に控えている。既に一七世紀末以降の、とくにハレとゲティンゲンにおける、新たな構想に立つ大学の果たした役割も小さくない[7]。

こうした知的な革新が法学に与えた影響について、ドイツに即して簡単に補足しておこう。そもそも学問的な営為ということをはっきり意識した「法学」という観念が生まれる。すなわち、Rechtswissenschaft という言葉が使われ始めたのは一八紀末以降のことである。それまでは、Jurisprudenz とか Rechtsgelahrtheit などという表現が用いられていた。法に関わる知恵とでも賢慮とでも言おうか、こういった観念を表象する言葉が用いられていたのである[8]。これに対して、法についても因襲的な「賢慮」を卒然と継承すべきではなく、学問的批判的に吟味すべきである、ということが一八世紀末から強調され始めた（歴史法学）。

学問的方法は、このように哲学を媒介にしていわゆる文科系等の領域にも定着する。否、大学における知的活動の全体に学問的方法が貫徹する。

このことは、学問が全体社会に対して何をもたらすのか、ということについての省察をもひきおこす。フッサール晩年の未完の遺著『ヨーロッパ諸学の危機と超越論的現象学』[9]は、専門に分化し学問が技術化していくことが、逆説的に《生活世界》の観念を逆照射する、という考えのもとに、現象学の任務を厳密に問うものとして重要である。そのフッサールの現象学からも刺激を受け、学問活動の方法それ自体の社会学的観察を行い、以て、社会の機能システムとしての「学問システム」の分析を行ったのが、ニクラス・ルーマンである。「学問システム」を縦横にかつ緻密に論じた名著『社会の学問』[10]において彼が説くところによれば、「学問システム」は、もはや学者によって担われるものではなく、学問コミュニケイションそれ自体を通じてのみ、展開されていく、自律的で閉鎖的なシステムである。「学問システム」にとっての「環境」がシステムに直接の影響を与えることはない（直接の影響を与えるようなことがあれば、それは学問システムが機能システムとしての作動をやめるということである）。以下ではシステム理論を基礎として事態の解明を試みてみよう。

学問が専ら学問コミュニケイション自体によって展開される、ということは、学問コミュニケイションに参与する資格を持った言説だけがこの学問システムに吸収される（Inklusion）ということを意味し、それに吸収されるのは、通常は、学問的訓練を経た有資格者による言説である。しかもこの有資格者の言説のすべてが学問コミュニケイションを形成するわけではない。学問的言説との境界は相対的ではあるが、明らかに政治的な言説、明らかに私的な感慨の表明は、学問コミュニケイションに参画し得ない。他方、いわゆる有資格者（修士号や博士号を持っている、とか、教授である、など）ではない者が綴った言説であっても、その「形式」を通じて、それが学問コミュニケイションに属する、と判断される場合もあり得る。ある言説が学問コミュニケイションに属するかどうかの判定には、学問システム自身による、第二段の観察が必要である。

三　大学の学問内在的再編成：組織としての大学と学問システム

ヨーロッパにおいては、大学という制度の近代化が上記の学問理論的洞察の成立に大きく寄与した。近世以降に生じた大学の近代的組織化について、この点で特に貢献が大きかったドイツを主な素材として、簡単な概観を試みてみよう[11]。

一九世紀に入って以降、百科全書的な知識を具備した教養人という実質的な学識のイメージは専門分化した領域における知を常に新たに開拓する形式へと変化した。静態的な教典の集積を世代から世代へと伝えるのではなく、知られざる真実知を絶えず探究する動態的な観点が強調されるようになった。かつての大学では大学の地元の住民の教養層が仲間うちで継承する職として大学教授職が捉えられ、その教育も地方の社会構造に緊密に結びつけられた、いわば仲間内大学が主流だったが、一九世紀に入って、出身地を問わず専門領域について新たな真実の知を生産する者としての大学教授を構成員とするいわゆる業績型大学モデルへの変化が見られる[12]。

このことはまた、統治体からの学問活動の自立化を意味した。カントが『学部間の争い[13]』で述べている通り、一八世紀までは神学部・法学部・医学部が統治体にとって直接に役に立つ知見を提供するゆえに、上位学部とされ、それ以外の学部（例えば哲学部）は下位学部と位置づけられていた。このような構造に対して、かれは別の構想に立った学部が大学には必要だと主張する。そのような役割を受け持つのは哲学部であり、その学部における教授活動は、統治体の命令から自由で、理性にのみ従属するものでなければならない。実学を提供するからという理由で哲学部に優位すると考えられてきた神学部・法学部・医学部より哲学部が下位に位置づけられてきた慣行は、因襲的に強化されてきた実学主義的偏見の劈頭に過ぎない。[14]このようにカントは説いた。
有用か無用かでなく真か真でないかという基準に従ったコミュニケイション形式としての学問が必要になったという認識が、カントを支えている。[15]カントをも支えた学問的方法は、かくて、諸学に浸透していった。[16]
これと連動していくつかの仕組が生まれた。それを紹介しよう。

（一）「大学の自治」観念の解体と学問の自由の組織的再構築

「大学の自治」という観念自体は、カントが批判する「上位学部」と「下位学部」の区別が存在した時代の大学にあっても見出し得る。このような伝来の「大学の自治」という団体主義的な観念に対抗する文脈で、フィヒテは、例えば一八一一年一一月一九日の、ベルリーン大学学長就任記念講演において、「学術の自由」という観念を用いている。[17]ここでは「学術の自由」の観念が、学問活動を中核とする新たな大学構想（後世に「フンボルトの大学」などとも綽名されることとなる、一八〇九年設立のベルリーン大学）と結びつけられている。[18]「学問の自由」あるいは「学問の自律」の観念が団体主義とは異なる地平に成立する。[19]
その後、教授職に就くためのルートも整備される。名高い「教授資格取得手続」即ちHabilitationの制度がドイツの大学に広く定着するのは一九世紀終盤から世紀転換期においてである。[20]考えてみればHabilitationという言葉は奇妙であって、言葉の原義としては「自らを居心地の良い状態に置くこと」とでもいえばよいのか。ともあれもともとは博士号の取得を以て、口頭試問を経て、大学における教授資格は与えられた。学部において教授する資格があるかどうかは学部が判断することだった。伝統的には各自の大学の卒業生（大学の地元の子弟がほとんど）から教授が選ばれ、教授同志は仲間を形成していたが、この構造が改鋳されたのである。博士論文とは別のテーマでまとまりある著作を教授資格取得論文として提出する慣行が定着したのは世紀転換期以降のことである。

ドイツの大学の殆どは一九世紀以降現在に至るまで、基本的には各ラントの管轄下にある。それはとりわけ法学部および神学部の卒業生が地元の行政官あるいは神父になり、哲学部の卒業生が初中等教育の教育者になっていく、という典型的な人生設計により、ラント毎の個性（行政、宗派と教会制度、学校制度）が大学に反映されざるを得なかったからである。それでも一九世紀末には、学生も教授も、とりわけ教授は、ラントの枠を超えてドイツ語圏の大学間を頻繁に行き来することが容易になった。

大学教授が、大学の仲間としてではなく、学問活動への能力を中心的な評価の観点として選定されるようになるのと並行して、学生も学問すべき主体として位置づけられるようになり、（「教育を受ける権利」及び義務教育とは異なる）学問的に「学ぶ自由（Lernfreiheit）」を行使できるといわれるようになる。このことと対応して、いわゆる「教授の自由（Lehrfreiheit）」の観念が輪郭を明瞭にする。すなわち何らかの定めによりあらかじめ与えられた科目の領域に忠実に縛られて講義を行う、つまり講義委託内容（Lehrauftrag）に厳密に沿った講義を行うという義務から解放され、相当程度に自由な――ただし学問的な方法に貫徹され《意見》表明と区別された――教授活動を大学教授は行い得るとされるようになった（大学における教授活動の、法規範からの相対的自由[21]）。

日本でも「教授の自由」についてはときに言及されるが、「学ぶ自由」については言及が乏しい[22]。それは自由な学問活動を行う組織としての大学という観点が希薄だからであろう。もっとも、研究と教育とが一体である、ということが大学について日本でもかつてはしばしば言われた。しかし一体性は、大学教員と学生とがともに学問活動をする限りにおいて成立するのである。つまり、大学の教育活動は単なる教育活動ではなく、研究活動の一環としてのそれであり、初中等教育機関のそれと明瞭な相違をなす。初中等教育活動がなんらかの意味で国家による統御を完全に否定することはできないが（だからこそ無制約な介入は無論許されない[23]）、同じ統治の論理を大学に適用することはできない[24]。同様に、いわゆる研究大学（Forschungsuniversität）は、一九世紀終盤には、工業大学等の、あらたな専門と結びつき、学問を専らの目的としない大学とも区別されるようになる。すでに同世紀初頭より、研究を専らの活動として教育を行わないいわゆる学術院（Akademie）とも大学が区別されているが[25]、その区別は、前二者の区別とは含意が異なる。

（二）学問の自律と組織としての大学の区別

学問活動が大学だけで行われるわけではないのは当然である[26]。学術院でも、二〇世紀になって相次いで設立された、教育を行わない専門の大規模な研究センターでも行われる[27]。学問システムにとって、大学は学問システムを支える組織の（いまだに最重要のものではあるが）一つでしかなくなった。大学教授が最先端の研究活動を真剣な目標としようとすればそれだけ、研究と教育の乖離を強いられる、とも言われる。それは論理的な帰結ではないが、趨勢としては理解できないこともない。

教育活動が課されていない研究機関による研究活動の活性化は重大な現象ではある。研究領域によっては多数の共同研究者を配し高額の研究施設を準備することによってはじめて可能になるものが次々に生じた。ある種の研究の大規模化である。研究に注がれる予算には限度があるから、研究資金獲得を巡る熾烈な競争が避けられない。これに対していわゆるピア・レヴューの仕組が確立されることにより、学問外部からの影響は些か緩和されはする。しかし研究組織と学問コミュニケイションとは、精密には重なり合わないこと、そして研究組織そのものによる学問コミュニケイションの展開に対する阻害の可

能性があることは、確認せねばならない。(28)

四　「学問の自由」の法解釈とデモクラシー

石川健治は、憲法二三条が第一に「立憲主義の標準装備」ではないこと、第二にこの定めがとくに《ドイツ型大学》の伝統と密接な関係を有し、そのドイツ型大学が「自治を獲得したという歴史的過去を、憲法史に刻み込」むという意義を持った、ということに注意を促している。(29)事実、ドイツにおける一八四九年フランクフルト帝国憲法一五二条「学問及びその教授は自由である」は、比較法上に類例を見ない定めであり、これがヴァイマル憲法一四二条へ、基本法五条三項へと継承された。この定めは、ドイツの大学史と切り離して理解できない。また憲法二三条制定過程でドイツの定めが参照された形跡もある。

同時に、条文が「学問の自由」という定式を選択していることは見逃せない。学問の自由の規定は、カント以前にも観察され得た「大学の自治」の観念を直接継承したのではなく、近代以降の大学で実現した、学問コミュニケイションの確立と結びつける方が素直ではないか。学問コミュニケイションの確立とその組織的裏打ちとが、一八世紀以降、ドイツを先頭として徐々に姿をあらわし、これを記念するのが《学問の自由》という定式であって、この定式をいくつもの仕組が支える（三（一））。

「学問の自由」は学問コミュニケイションの自律と関わる。したがって学問の「自由」は一方で、学問コミュニケイションを外から妨害する如何なる試みにも防御権的に機能する役割を担う。ある学術論文において穏当な学術的な論証手続を経て導かれた結論が政策的観点から望ましくないという理由で公刊を拒否されたり、まして著者が教授職を解かれるようなことがあってはならない。他方で、ここで問題になっているのは「学問」の自由である。学問活動でないものを保護する任務をこの自由は引き受けていない。その意味で学問内在的な制約が課される場合はある。日本に教授資格論文のような仕組はないが、教員採用手続を学問内在的な観点から精査し基礎づけることは必要であり、それは国家制定法に拠るのではなく、大学をはじめとする研究機関が、ときには横断的なネットワークによる討論を経て、具体化すべきであろう。

学問コミュニケイションのために、現代社会においては組織が欠かせない（三（二））。しかし、組織の自立の観念が学問の自由を抑圧する可能性にも警戒すべきである。「大学の自治」との観念で、スメントの講演『自由な意見表明の権利』[30]は重要な考察素材を与えてはくれる。しかしこの講演が一九二〇年代後半に執筆構想された。一九一〇年以降に高揚したいわゆる《フンボルト理念》神話の勃興に貢献した論者の見解に大きく依拠している[31]。スメントが、当時の歴史的文脈において、大学教授職をエヴァンゲーリシュの牧師職との類似性によって理解しようと試みていることにも留意しよう。スメントにおいて、宗教からの学問の自由の問題は希薄化した。かくて、《ドイツの大学》の伝統は実体的に捉えられるに至った。二〇世紀初頭、旧ヨーロッパ的社会秩序の崩壊が予感されていたが、《世界大戦》の経験によってこの予感が現実化した、と見る向きが多くなった[32]。スメントもある意味では《精神》による秩序回復を夢見た。このことは、一八〇〇年前後の（フンボルトも共感を抱いた）学問構想が、神学と実学とからの学問の自由を企図し、「大学の自治」ではなく「学問の自由」を標榜したことと整合しない。

重要なのは、「学問の自由」こそが個々の研究組織を越えて学問コミュニケイションの維持発展と密接に関わりを持つということであり、この認識は逆に、統治権者が学問システムと内面的な関係をそもそも持ち得ないことを却って一層明らかにする。公的予算に占める研究費の割合を定めることに研究組織が請求権を持つわけではない。だが、学問システムの作動にふさわしい組織体制を構築し保護すべき義務が、「学問の自由」が保障されるとされる以上、統治体に課せられる。(33) そのためには、研究諸組織において実際に研究活動を行う者たちが、研究諸組織を可能な限り自律的に運営することが、「大学の自治」ならぬ学問システムそのものの発展に資するであろう。(34) 事実、日本学術会議法はそのような思想に支えられた制定法のひとつである。そして確立された法解釈に政権が従わないならば、それは学問の自由というより、その前提を成す法治国家そのものの侵害である。

学術論文は、単なる第三者にではなく、まして大多数の市民にではなく、学問コミュニケイションへの参画を目指して構想執筆される。市民の多数派が学問を擁護することは、偶然の僥倖を以てしても、およそ期待し得ない。だが学問システムの作動は、現代社会の複雑性を擁護したいならば、不可欠である。真善美が統一的な秩序を形成することをやめ、真と善と美がそれぞれてんでばらばらに砕け散ったのである。かくて、人は相互に重畳的な支配関係に立たずにばらばらな個として生きることが許されるに至った。粗雑な言い方を敢えて自らに許すとすれば——貴族や富裕市民層や宗教者の優位を排除するために現在の政治が多数決原理の貫徹を許した。それは身分の低い者の政治的見解の価値を認めさせるための一つの手段である。まさにその原理の貫徹と同時に、多数決原理が意味を持たない部分システム（法、学問、経済、芸術、等々）が姿をあらわす。これらはそれぞれ、作動の次元で閉鎖的ではあるが部分社会ではなく密室的でもなく、誰にも開かれており、なお多数決を拒む領域である。多様な生き方の自己決定が可能でなければならないことが、多数決を拒む。こうした領域が存在し増殖することは、全体社会の見通しを悪くするが、それは現代社会に複雑性を維持することの代償である。見通しの良い社会とは、複雑性を欠いた、全体主義的社会のことに他ならない。

（1）寺崎昌男『日本近代大学史』（二〇二〇）、i頁。

（2）*Gernet, L.*, Les origines de la philosophie, dans : lequel, Anthropologie de la Grèce antique, 1968, 239–248.

（3）*Fukuoka, A.*, The Sovereign and the Prophets. Spinoza on Grotian and Hobbesian Biblical Argumentation, 2018, esp. 182–217.

（4）*Kant*, Vorrede zur 2. Auflage, in: ders., Kritik der reinen Vernunft, in: Kant, Werkausgabe Bd. III, hg. von W. Weischedel, 20–41, 20（B VII).

（5）一連の Dieter Henrich の仕事が決定的である、*Henrich, D.*, Konstellationen. Probleme und Debatten am Ursprung der idealistischen Philosophie（1789-1795), 1991; *ders.*, Der Grund im Bewußtsein. Untersuchungen zu Hölderlins Denken（1794-1795), 1992; *Immanuel Carl Diez*, Briefwechsel und Kantische Schriften. Wissensbegründung in der Glaubenskrise Tübingen-Jena（1790-1792), hg. von Dieter Henrich, 1997; *Henrich, D.*, Grundlegung aus dem Ich. Untersuchungen zur Vorgeschichte des Idealismus Tübingen-Jena (1790-1794), 2 Bde., 2004.

（6）和仁陽「サヴィニー・ギュンダーローデ・クライスト」海老原明夫編『法の近代とポストモダン』（一九九三）、二二一－二四三頁。

（7）*Hammerstein, N.*, Jus und Historie. Ein Beitrag zur Geschichte des historischen Denkens an deutschen Universitäten im späten 17. und im 18. Jahrhundert, 1972; 石部雅亮「啓蒙記自然法学から歴史法学へ」児玉寛他編『市民法学の歴史的・思想史的展開』（2006）、153–201頁所収。

（8）ここでは石部雅亮の見事な解説を紹介するにとどめる、石部雅亮「解説」、ヤン・シュレーダー著／石部雅亮編訳『トーピク・類推・衡平――法解釈方法論史の基本概念』（二〇〇〇）、一五一－一七三頁所収。英語圏では現在でも、jurisprudence という言葉が「法理学」の含意をも持つ、参照、田中英夫編集代表『英米法辞典』（一九九一）の項目 jurisprudence.

（9）*Husserl, E.*, Die Krisis der europäischen Wissenschaften und die transzendentale Phänomenologie（zuerst 1956), hg von E. Ströker, 2012.

（10）*Luhmann, N.*, Die Wissenschaft der Gesellschaft, 1991.

（11）以下の叙述にあたって、特に次の仕事が役に立った、*Baumgarten, M.*, Professoren und Universitäten im 19. Jahrhundert zur Sozialgeschichte deutscher Geistes- und Naturwissenschaftler, 1997.

（12）*Moraw, P.*, Vom Lebensweg des deutschen Professors, in: Forschung. Mitteilungen der DFG 4（1988), 1-12. モーラフによれば、一六世紀以降に成立するドイツの大学においては、大学の講座（Lehrstuhl）は、ごく自然に相続の対象であり、これが問題視されるのは一九世紀になってからである（7-8）。

（13）*Kant, I.*, Der Streit der Fakultäten in drey Abschnitten 1798, WA XI, 261-393（A I-XXX, 1-205), bes. 279-282.

（14）*Kant*, der Streit der Fakultäten（前掲註13), 282.

（15）この認識はカントの独創でもなく、一七三七年に創立したゲティンゲン大学の実質的創立者ミュンヒハウゼンもすでに類似の考えをはっきり持っていたらしい、*Rösler, E.F.*, Die Gründung der Universität Göttingen, 1855, 475.

（16）*Stichweh, R.*, Akademische Freiheit in europäischen Universitäten. Zur Strukturgeschichte der Universität und des Wissenschaftssystems, in: Die Hochschule. Journal für Wissenschaft und Bildung, 2/ 2016, 19-36, bes., 25 f.

（17）*Fichte, J.G.*, Ueber die einzig mögliche Störung der akademischen Freiheit. Eine Rede beim Antritte seines Rektorats an der Universität zu Berlin den 19. Oktober 1811 gehalten von J.G.Fichte, 1812.

（18）*Fichte*, Ueber die einzig mögliche Störung der akademischen Freiheit（前掲註17), 6 f.

（19）パウルズンはこのことをすでに明瞭に認識していた、*Paulsen, F.*, Die akademische Lehrfreiheit und ihre Grenzen. Eine Rede pro domo（zuerst 1898), in: ders., Gesammelte pedagogische Abhandlungen, 1912, 199–217, bes. 199 f.

（20）*Paletschek, S.,* Zur Geschichte der Habilitation an der Universität Tübingen im 19. und 20. Jahrhundert. Das Beispiel der Wirtschaftswissenschaftlichen（ehemals Staatswirtschaftlichen/ Staatswissenschaftlichen）Fakultät, in: 200 Jahre Wirtschafts- und Staatswissenschaften an der Eberhard-Karls-Universität Tübingen: Leben und Werk der Professoren, 2. Bd.（2004), 1364–1399 ; *dies.,* Die permanente Erfindung einer Tradition. Die Universität Tübingen im Kaiserreich und in der Weimarer Republik, 2001, bes. 233–260. 本文の本段落と次の段落の叙述は多くをこの仕事に負う。

（21）*Baumgarten,* Professoren und Universitäten（前掲註11), 12; *Stichweh,* Akademische Freiheit（前掲註16）27–29.

（22）寺崎『日本近代大学史』（前掲註1）にも「学ぶ自由」への言及は欠けている。

（23）ニクラス・ルーマン著村上淳一訳『社会の教育システム』（二〇〇四）。但し、村上による「訳者あとがき」では大学と初中等教育との区別を相対化しかねない記述があるけれども、ルーマンにおいては、統治主体による教育への介入ではなく、教育現場の自律が重点的に論ぜられているのだから、この相対化は理解できる。

（24）この区別がドイツにおいて一九世紀の前半には確立し、大学はギュムナージウム等との対比において捉えられるようになっている、*Paletschek,* Die permanente Erfindung（前掲註20), 21 f. この区別が定着したことがよく看取される例として、*Paulsen, F.,* Universität oder Schule（zuerst 1898), in: ders., Gesammelte Pädagogische Abhandlungen, 1912, 189–198.

（25）*Paletschek,* Die permanente Erfindung（前掲註20), 22.

（26）二の末尾二つの段落を見ていただきたい。

（27）一九一一年には Kaiser-Wilhelm-Gesellschaft が設立され、第二次大戦後の一九四八年には Max-Planck-

Gesellschaft がこれを継承し、様々の研究施設を創設したのはその例。

（28）鋭敏なルーマンはおよそ三〇年前に、学問組織と学問システムの間に齟齬が生ずる可能性を洞察している、*Luhmann*, Die Wissenschaft der Gesellschaft（前掲註10）, 672–680.

（29）石川健治「天皇機関説事件八〇周年――学問の自由と大学の自治の関係について」広田・石川・橋本・山口『学問の自由と大学の危機』（岩波ブックレット九三八号）、二〇一六年、四 - 四〇頁所収、特に三五頁。

（30）*Smend, R.*, Das Recht der freien Meinungsäußerung, in: Veröffentlichungen der Vereinigung der Deutschen Staatsrechtslehrer, Heft 4. Verhandlungen der Tagung der Deutschen Staatsrechtler zu München am 24. und 25. März 1927, Berlin und Leipzig 1928, 44–73, auch in: ders, Staatsrechtliche Abhandlungen 1968, 89–118. 本稿における引用は初出版に拠った。

（31）ここでスメントが依拠している仕事を列挙しよう：*Spranger, E*, Wilhelm von Humboldt und die Reform des Bildungswesens, 1910; *ders.*, Wandlungen im Wesen der Universität seit 100 Jahren, 1913; *ders.*, Fichte, Schleiermacher, Steffens über das Wesen der Universität, 1910; *Jaspers, K.*, Die Idee der Universität, 1923; *Becker, C.H.*, Vom Wesen der deutschen Universität, 1925; *Hirsch, E.*, Fichtes Religionsphilosophie, 1914.

（32）*Mann, Th.*, Der Zauberberg, 1924.

（33）これはドイツの連邦憲法裁判所が、学問の自由の要請として《学問活動にふさわしい組織》の構築に対する国家の義務という観念を構築し展開していることを念頭に置いている。便利な文献として、*Chr.Bumke/ A. Voßkuhle*, Casebook Verfassungsrecht, 2013, Rdnr. 722–728.

（34）試みに参照されたい、*Mager, R.*, Wissenschaft und Kunst, in: Handbuch des Staatsrechts, hg. von J. Isensee und P. Kirchhof, Bd. VII, 2009, 1075–1111; *Pernice, I.*, Artikel 5 III (Wissenschaft), in: Grundgesetz. Kommentar, hg. von H. Dreier, Bd. 1, 1996, 457–485; *Chr. Starck/ A.L.Paulus*, Artikel 5, in: Grundgesetz, Bd. 1. Kommentar gegründet von H. Mangoldt, 7. Aufl.（2018）, 547–743.

第二部　現代社会における生存・健康・自由

雇用の階層化と市民社会

遠藤美奈
（早稲田大学）

はじめに

「労働」に関して、憲法的価値をめぐる市民社会と憲法学の理解はどのような齟齬を生じているのだろうか。コロナ禍によって多くの労働者が追い込まれた厳しい生活状況が、この問いを差し迫ったものにしている。生活の危機は一過性ではなく、その前から不安定な生活にあった人々が「決定打を打たれた」(1)のが実情と思われる。ここに至る経過には、先行した雇用の階層化が大きく影響していた。そこで本稿は、日本における雇用の階層化について産業的シティズンシップの構造化・内面化という視点から理解を試みることで、冒頭の問いに向き合うこととしたい。それはさらに、雇用からの放擲・退却と働き方の未来の、憲法的価値との関係へと考察をひらく。

一　雇用社会の変化

（一）雇用の現況

二〇二一年二月分の労働力調査[2]によれば、新型コロナウイルス感染症が国内で拡がり始めた一年前と比べて、正規雇用者は微増したのに対し、非正規雇用者は大きく減った。非自発的な完全失業者の大幅増に照らせば、これは非正規の正規化ではなく解雇・雇止めの結果とみるべきであり、非正規雇用はコロナ禍でも雇用の調整弁であったことになる。休業や勤務日数・労働時間・収入の減少も非正規でより深刻であった。[3]このような差を生む雇用形態の違いは、労働市場改革によって作られていったものである。

（二）労働市場改革

日本型経営の「三種の神器」とも呼ばれる長期雇用、年功型処遇、企業別組合を特徴とする日本型雇用システムは、高度経済成長期後の経済の低迷と人口・産業構造の変化を経て、一九九〇年代半ば以降の労働市場改革で変容してゆく。本稿の問題関心からは、改革のもたらした雇用の多様化に着目したい。

改革の要点を簡単に追うと、まず労働者派遣事業は、一九八五年の労働者派遣法制定で、職業安定法が禁止していた労働者供給を部分的に解禁する形でスタートしたが、ここで採られた適用対象業務を限定列挙するポジティブ・リスト方式が一九九九年の同法改正でネガティブ・リスト方式に変更され、労働省派遣の原則禁止は原則自由に転換した。二〇〇三年改正は製造ラインへの労働者派遣を解禁し、技能レベルの比較的高い二六業務以外での派遣期間上限を一年から三年に延長するとともに、通達による二六業務の三年の期間上限も撤廃した。[4]一方、有期雇用契約は、一九四七年の労働基準法制定以来一年を上限としたが、一九九八年に高度専門知識労働者と六〇歳以上を特例で上限三年とし、さらに二〇〇三年に特例を上限五年、それ以外を上限三年に引き上げた。

以上の改革でもたらされたのは非正規雇用の拡大である。前出の労働力調査によれば役員を除く雇用者に占める非正規雇用者の割合は三六・六％で女性では半分以上を占め、男性でも大幅に増えている(5)。

（三）「非正規（化）」の受け止め

非正規雇用が拡大する中で、この雇用形態を市民社会はどう受け止めたのか。二〇〇四年の調査では、雇用が不安定化する懸念とあわせて、自分の都合に合った／組織に縛られない働き方ができるという肯定的評価も同時に見てとれる。もっとも、雇用形態への客観的評価とは違って、回答者自身の意向には正社員への強い指向性が見られ、ほぼすべての正社員が正社員としての就労継続を望み、非正規雇用者の七割、男性では九割が正社員になることを望んでいた(6)。

ところが当事者の意向とは裏腹に、非正規化はさらに進行する。そうなれば、男性正社員を暗黙の前提として形成された日本型雇用システムは変容するほかはない。ここで注意すべきは、崩れつつあることのシステムが、ある時期の日本の雇用のありようを説明する概念であるだけでなく、希求されるべき雇用像として規範的側面をも持つことである。デジタル変革の中で終焉も近いと言われる日本型雇用システム(7)が、人々の中に内面化された規範としていかなる帰結を導くかについて次に見ていきたい。

二　日本型産業的シティズンシップとしての企業別シティズンシップ

（一）「三種の神器」を生み出すもの

日本型雇用システムの特徴である「三種の神器」は、日本型雇用をより深く規定する特徴から必然的に導かれる、とする見解がある。すなわち、日本型雇用システムのより基底的な特徴は、従事する職務の特定されない、一種の「地位設定契約」ないし「メンバーシップ契約」だとする見方である。(8) 標準形を正社員とするメンバーシップ雇用は、日本で広く受けいられている「職業・会社員」という表象とも整合する。薬事法最高裁判決（最大判昭和五〇・四・三〇民集二九巻四号五七二頁）も、「会社員は職業」という見方を否定するものではない。

重要なのは、このメンバーシップに「権利と義務」が付随していることであり、これが先述した日本型雇用システムの規範的側面である。この点に接近する手掛かりとなるのは、マーシャルのシティズンシップ概念を用いて労働者の階層構造を分析した今井順の研究(9)である。

（二）産業的シティズンシップ

マーシャルは現代社会の完全な成員における「地位」を、市民的権利、政治的権利、社会的権利がこれらに関わる義務とともに順次要素として加わってゆく、歴史的に発展するシティズンシップとして定義した。彼はさらに副次的なシティズンシップとして、労働者（各層）の地位を定義する権利と義務の規範を産業的シティズンシップとして提示した。その初発は、一九世紀末のイギリスで、選挙権を獲得はしたものの活用法をまだ知らない労働者による市民的権利の集団的行使から生まれた、政労使間の交渉を通じて創出される権利と義務の規範の総体である。

市民社会そのものではない、経済と労働からなる産業社会の意味世界の中で、分類され階層化された地位ごとに存在する産業的シティズンシップの規範は、人々の間に不平等をもたらす要素として作用する。それはたとえば、社会における「公正な賃金」が、完全な市場競争ではなく伝統や習慣に結び付けられた（専門医や歯科医といった）地位の序列で決まってゆくという形で現れる。(10) このようにして地位の規範は、契約に対立する原理でありながら、個人主義的・能力主義的であるはずの資本主義社会の契約関係に織り込まれてゆく。そもそも労働者自身によるシティズンシップの運用形態である団体交渉は、それが必然的に労働者の分類を伴うことから、個人主義的・能力主義的な労働契約を基盤とする資本主義社会に「特定の労働者カテゴリーが他よりも高い賃金や優越的な社会的権利にふさわしいという階層化された地位の観念とその体系」を定着させる役割を果たす。(11)「産業社会における市民を定義する権利と義務の規範」である産業的シティズンシップは、同時に、「その権利と義務の名において労働者を分断・階層化する論理」でもある。(12)

（三）日本型——企業別シティズンシップ

では、産業的シティズンシップは日本ではどのような形をとるのか。今井はそれを次のような権利と義務から成る「企業別シティズンシップ」として描き出す。すなわち、標準である正規雇用者の地位に付随する安定した雇用と賃金及び（特に大企業において）特権的な企業福祉への権利と、企業の生産性のためのフレキシビリティを受け入れる態度及び高いコミットメントへの義務のセットからなる、企業の枠を超えないシティズンシップである。(13)このシティズンシップの論理によれば、標準雇用である正社員に要求される義務（私生活の犠牲を伴う配転や時間外労働など）を満たせる程度に応じて、契約期間や職務、賃金水準や社会保障と企業福祉が変動する。義務を満たせなければ満たせない度合いに応じた、不完全な、いわば二級の産業市民に甘んじざるを得ず、完全な成員性からは排除される。(14)こうした日本型産業的シティズンシップは雇用に関する規範として社会に定着し、労使双方に内面化され、日本型雇用システムそのものは崩れてゆく中でも消えずにその影響力を維持している。

一度排除されると一級産業市民の「地位」の（再）獲得は容易ではない。今井は、正規—非正規間の移動は不活発で、雇用上の地位は「身分」のように固定的だと指摘する。[15] 確かに、労働条件だけをみれば、二〇一八年の働き方改革関連法で統一的な均衡・均等待遇ルールが整備され、格差の是正・解消への一応の対応はなされた。企業内でも限定正社員が雇用形態に加わり、階層の段差も縮小した。しかし今井によれば、正規・非正規の区分に対する主観的な認知は明確化し、両者の分断が「社会的承認を得られる生き方かそうでない生き方かを示す線」として立ち現れている。[16] 企業別シティズンシップはサラリーマン男性性として形成されてきたがゆえに、分断線はとくに男性に苦悩を与える形で現れる。[17] その意味で階層化と分断は、権利・義務や利益・不利益の配分だけでなく、承認にも関わる問題である。[18]

三　日本型産業的シティズンシップと憲法的価値

（一）階層化とデモクラシー

ここでは分断を生む階層化がデモクラシーに及ぼす影響に注意したい。憲法学の一般的な説明によれば、民主主義は個人の尊重を基礎とすることから、すべての国民の自由と平等の双方が確保されて初めて開花する。[19] その民主主義は、熟議民主主義であるならば、「平等の確保」として個々人が互いに相手を対等な存在とみなさなければ機能しないであろう。熟議の過程でなされる理由の交換と検討において、人々が互いの主張の名宛人としての地位を引き受けるには、意思決定の影響を被りうるすべての人に異論を提起する機会が開かれるだけでなく、その機会がそれぞれにあることを互いに認め合っている必要があるからだ。[20] 討議の場においても、「私」がそこへの参加の資格を認められ、「私」以外の他者が「私」の主張に敬意をもって耳を傾け応答する義務を承認し、「私」は主張を聴いてもらうために膝を折ったり他者より劣位にあることを示したりせずにすむのでなければ、「私」は対等な存在として他者の前に立っていることにならない(21)。

日本では就業者の九割が被用労働者であり(22)、市民社会は雇用社会と大きく重なる。被用労働者内部の分断は、そのまま市民社会の分断につながるだろう。しかしなお憲法は、労働者の団結を使用者との対等性の調達手段として想定している。のみならず労働組合は「ある種の公共圏の担い手(23)」とさえ見なしえた。「団結」は今、どのような状況にあるのだろうか。

日本型雇用システムでは組合は企業別に編成され、正社員を組織基盤とする。内部が均質である限り構成員間の対等性は調達しやすいが、それは正社員以外を排除して成立する対等性である。日本の労働組合は正社員以外の労働者をほとんど代表していない。しかも低下傾向の続く組織率は二〇二〇年六月時点で民営企業の一六・二％に過ぎず、中小企業の大勢は組合を持たない(24)。組合は公共的なフォーラムとしての包摂性が問われる状況にある。団結を謳う憲法二八条は、企業別シティズンシップから排除された労働者には遠いものと感じられるだろう。実際、労働組合の関心は長らく正社員雇用の保護にあり、労働市場の規制緩和に際し、当初は非正規雇用者の労働条件の問題に消極的であった(25)。

労働者自身の市民としての集合的意思もまた、規制緩和に大きな抵抗を示さず、関係法令は成立している。組織を守ることで自分の雇用と生活を守るにはやむを得ないとする論理も、ここでは働くだろう(26)。さらには、日本型雇用システムの下で、多くの労働者が実に長い時間と期間を過ごしてきた会社・企業が守られるべき組織となる理由は、生計手段であることに尽きず、それらが「人間的なつながりや社会的な拠り所(27)」として機能してきたことにもあるだろう。日本社会における労働者の公共的なフォーラムは、実際には、組合よりもむしろ会社が担っていたと言ってよいかもしれない(28)。ならばなおのこと、職場における分断は公共的なフォーラムにおける分断として、深刻に受け止められる必要があるだろう。

（二）内面化と危うさ

企業別シティズンシップは本来そうあるべき働き方の規範として、労働者に内面化されてもいる。企業別シティズンシップの権利の十全な享受から排除された非正規雇用者は、理不尽を「自らの選択」として自分の中で合理化する。他方でこの権利をフルに享受する正社員には、非正規雇用者の境遇を「彼らの選択」によるものと位置づけ、自己のより大きな責任を強調することで格差を正当化する心理が働く(29)。正社員の責任が意識的・無意識的に強調される職場は、非正規雇用者にスティグマを付与しやすい環境である。非正規雇用者は、サラリーマン男性性として形成された企業別シティズンシップから排除されながら、これを享受して疑わない使用者や正規雇用者と接していかざるを得ない。こうした支配的男性文化性の中で働く場合、男性の非正規雇用者の方がアイデンティティ危機に陥りやすくなるだろう(30)。

この危機を回避する戦略として、自分はモラトリアムにある、あるいは会社に従順ではない対等な契約当事者であり、経済的には無理でも社会的には独立している、という位置づけを自分に与えることが観察されている。これは先述の通り自分で選んだ働き方として自分を納得させるものである。さらにもう一つの戦略として、「女性が求めるのは家族と子ども」「妻より収入が少ないのは恥ずかしいこと」といった規範を肯定するジェンダー保守主義への傾斜も観察された(31)。これは男性性の確認と現実との不一致による困惑とを同時に当人にもたらす危うい戦略であり、自由、平等・対等という憲法的価値とも調和しない。

一方で正社員も特権的地位を維持するには家庭より仕事を優先させ、企業からの要請に従属しフレキシブルに応え続けなければならない。業務の必要性を超えて私生活にまで及ぶ「支配」の危険は、より大きくなるであろう。そうなれば職場は、労働者に無答責の恣意的権力を行使できる私的政府 private government と化す[32]。フレキシビリティの限界を超え、もはや会社の求めには応えられずシティズンシップ規範を充足できないことが自覚されたとき、自己の現実とこの規範との乖離に堪えられなくなったとき、自他に暴力が向けられうる[33]。雇用からの退却はここでは合理的な選択となる。

四　生活困窮と自己責任規範――内面化と分節化

企業別シティズンシップからの排除を合理化し正当化するうえでは、不利益を自ら引き受ける「自己責任」論は戦略といえたかもしれない。しかしコロナ感染ですら自業自得と考える傾向が有意に強い日本社会において[34]、自己責任は通俗道徳の基調だ。コロナ禍の困窮者相談で実施されたアンケート[35]では、生活保護未利用者の二割が、雇用から退却し、あるいは放逐されてなお、自力でがんばりたいと回答している。受給したら「終わりと思っていた」という心情には、外からの視線に含まれ、自分にも内面化された自己責任規範が浮き彫りにされる。生存権に基づく生活保護受給権がここでは行使されない。

加えて、受給者への「劣等処遇」もまた受給を嫌忌させる。同じアンケートによれば、保護を受けたくない大きな理由が、行政によるアパート入居の拒否と施設入所への誘導・強制、入所後の（一〇人にもなる）相部屋にあった。私生活上の自由の剥奪も、自己責任から正当化されているようにみえる。行政を含む市民意識を憲法規定に当てはめるならば、生存権は勤労の義務に優位しない、あるいはむしろ劣後するということだろうか。

「働かざるもの食うべからず」といった通俗道徳と結びついた勤労の義務規定は、存在するだけで市民の意識に影響を与える。二つの規定の法的性質・規範内容と関係の理解によっては、公的な生活保障における国家の免責部分も認めうることになる[36]。もっとも、自己責任として語られるものを分節化すれば、ある人に特定の行為や帰結への責任があることと、そのゆえに当人に対する態度や待遇を変えるべきだということとは別であり、前者から後者をストレートに推論するのは必然でもない[37]。両者を直結させれば、自力で生活を維持できないことが当人に帰責される限り、公権力は個人への集団的義務として負うはずの給付の義務を免れ、給付がなされても劣等処遇が正当化されてしまう[38]。こうした福祉における「懲罰的」処遇は、支援の否定と支援形態の劣等性によるスティグマ化とによって「対等者の共同体」から排除される人々を生み、共同体の対等性を損なう[39]。ここに生存権と平等・対等、そしてデモクラシーとの結節点が所在する。かりに給付に関わる公権力の義務の解除を検討するならばそのハードルの高さは、市民社会の分断の回避いかんも考慮に入れて設定されるべきではないか。

五　展望——仕事の配分／ケアの配分

企業別シティズンシップにかわるパラダイムは、現時点では見えていない。個々人に内面化され、雇用をめぐる構造にも沁み込んだ規範はたやすくは変わらない。この先も少子高齢化による労働力の供給減は明らかである一方で、第四次産業革命の進展により雇用の総量が減るとの予想もある。これが正しいなら、雇用はいかに配分されるべきか。雇用の標準は正社員とされてきたが、パートタイムは標準にはなりえないだろうか。また、雇用の配分を考えるなら、ケアの配分も考えるべきではないか。企業別シティズンシップ規範が当然の前提とした女性によるケア負担は、所与ではない。近年では、稼働可能なすべての成人が週一二時間から三〇時間までの報酬労働と最短二二時間の無報酬のケアの双方に従事すべきとする、新たな社会規範の構想も示されている[40]。ケアに労働を優先させる規範を否定し、性別、人種、エスニシティ、滞在資格などの階層的カテゴリーと結びついたケアにおける不平等と分断——依存する者／される者、ケアの知見と経験を欠いた政策担当者／ケア従事者――を取り去ろうとするこの構想は、互いを対等者と見うる社会を展望する一例といえる。憲法学においても、薬事法最高裁判決が示した濃密な職業観の再考をはじめ、広い視野で雇用社会の未来を考える必要があるように思われる。

［付記］本稿は科学研究費補助金（基盤研究（C）・課題番号二〇K〇一三〇一）による成果の一部である。

（1）朝比奈ミカ・菊池馨実編『地域を変えるソーシャルワーカー』（岩波ブックレット、二〇二一）六五頁。

（2）正規職員・従業員数は三五五六万人で二六万人（〇・七％）増（前年同月比。以下も同）、一方で非正規職員・従業員数は二〇五二万人で一〇七万人（五・〇％）減、うち八九万人が女性。勤め先や事業の都合で離職した完全失業者は三九万人で一八万人増加（一・八五倍）。

（3）休業（待機）を命じられたり勤務時間短縮や月の勤務日数減少に遭ったりした者の割合は、正社員二六・四％に対し非正社員計四〇・〇％。また、コロナ禍前と比べて直近の月収額が三～四割から九割以上収入が減った者の割合を足し上げた数字は、正社員六・五％、非正社員計一二・〇％となった（労働政策研究・研修機構「新型コロナウイルス感染拡大の仕事や生活への影響に関する調査〔JILPT第四回〕〔一次集計〕結果」〔二〇二一〕、https://www.jil.go.jp/press/documents/20210430a.pdf〔以下、取得はすべて二〇二一年六月四日〕）。

（4）濱口桂一郎『日本の労働法政策〔第二版〕』（労働政策研究・研修機構、二〇一八）八八頁。

（5）雇用者に占める非正規雇用者は、一九八四年で男性七・七％と女性二九・〇％、二〇〇四年に一六・三％と五一・七％、二〇一九年には二二・八％と五六・〇％に上昇している（労働政策研究・研修機構「表 雇用形態別雇用者数」『早わかり グラフでみる長期労働統計 Ⅱ 労働力、就業、雇用』https://www.jil.go.jp/kokunai/

statistics/timeseries/xls/g0208.xls)。
（6）労働政策研究・研修機構「第四回 勤労生活に関する調査（二〇〇四年）」(https://www.jil.go.jp/institute/research/2005/006.html)。
（7）大内伸哉『デジタル改革後の「労働」と「法」』（日本法令、二〇二〇）一八〇―一八七頁。
（8）濱口桂一郎『新しい労働社会』（岩波新書、二〇〇九）。
（9）今井順『雇用関係と社会的不平等』（有斐閣、二〇二一）。
（10）本稿が依拠した今井のマーシャル理解は同書一五―一九頁。産業的シティズンシップの原典は T. H. Marshall, *Citizenship and Social Class,* Cambridge University Press 1950, pp.41–44, 68–73.
（11）今井・前掲注（9）一七頁。
（12）同書四三―四四頁。
（13）同書第一章及び三〇七頁。
（14）同書第三章・第四章。
（15）同書一二五―一二六、一四九―一五四頁。
（16）同書三一九―三二〇頁。
（17）同書一八一、三二〇頁。
（18）拙稿「生存権と不平等」遠藤美奈・植木淳・杉山有沙編『人権と社会的排除』（成文堂、二〇二一）で扱ったナンシー・フレイザーの正義の構想を参照。そこにいう、人々が社会において互いを同等のパートナーとして認識できるという意味での平等は、配分と承認の双方で不公正が是正されなければ実現されない。
（19）芦部信喜（高橋和之補訂）『憲法〔第七版〕』（岩波書店、二〇一九）一七頁。
（20）齋藤純一『政治と複数性』（岩波現代文庫、二〇二〇）六七―六八頁。
（21）Elizabeth Anderson, "What is the Point of Equality?", *Ethics* 109, no. 2 (Jan 1999), p.313（森悠一郎訳「平等の要点とは何か（抄訳）」広瀬巌編・監訳『平等主義基本論文集』〔勁草書房、二〇一八〕一一五頁）参照。

(22) 就業者六六四六万人のうち雇用者は五九八三万人（前出二〇二一年二月分労働力調査）。
(23) 須網隆夫ほか「座談会 雇用の危機と労働法の課題」法時八一巻二号一七頁（二〇〇九、石川健治発言）。
(24) 従業員九九人以下の企業の組織率は〇・九％、一〇〇～九九九人の企業で一一・三％。パートタイム労働者では八・七％にとどまる（令和二年労働組合基礎調査）。
(25) 濱口・前掲注（4）八六、六四二、七一五頁などからは当初の労働側の正社員重視が窺える。
(26) 齋藤純一『不平等を考える』（ちくま新書、二〇一七）一六七―一六八頁。
(27) 水町勇一郎『詳解労働法』（東京大学出版会、二〇一九）二五七頁。
(28) 須網ほか・前掲注（23）一八頁（大内伸哉発言）。
(29) 今井・前掲注（9）一八一頁。
(30) 同書一七三―一七四頁。
(31) 以上、同書一七四―一八〇頁。
(32) Elizabeth Anderson, *Private Government*, Princeton University Press 2017, pp.42-47.
(33) 井手英策「社会はなぜ引き裂かれたのか」公法研究八二号一五三頁（二〇二〇）。今井・前掲注（9）一八二頁注六の指摘も合わせて参照。
(34) 三浦麻子・平石界・中西大輔「感染は『自業自得』か」科学九〇巻一〇号九〇六―九〇八頁（二〇二〇）。
(35) つくろい東京ファンド「生活保護の利用を妨げている要因は何か？――年末年始アンケート調査結果の概要」二〇二一年一月（https://tsukuroi.tokyo/2021/01/16/1487/）。
(36) この点、山下慎一「日本国憲法における『勤労の義務』の法的意義」福岡大学法学論叢六五巻三号五五九―六〇二頁（二〇二〇）による憲法施行期以降の学説及び論点整理と展望が有用である。
(37) Yascha Mounk, *The Age of Responsibility*, Harvard University Press 2017, pp.176-185（那須耕介・栗村亜寿香訳『自己責任の時代』〔みすず書房、二〇一九〕一七九―一八七頁）。
(38) *Ibid.*, p.177-178（邦訳一八〇―一八一頁）の示す現代における責任の標準的捉え方を見よ。

(39) *Ibid.*, p.187-188（邦訳一八九―一九〇頁）。

(40) Jennifer Nedelsky, "What Will it Take to Revalue Care?" Prepared for The Western Political Science Association Annual Meeting, San Francisco, March 29-31, 2018 (http://www.wpsanet.org/papers/docs/nedelsky2018.pdf); "Part time for All: Restructuring Work and Care" in Disability, Justice and Care Symposium, January 29, 2021 (https://www.youtube.com/watch?v=VvxEFcKKsjc).

感染症患者の入院制度と人身の自由の保障

河嶋春菜
（慶應義塾大学）

はじめに

これまで、「感染症の予防及び感染症の患者に対する医療に関する法律」（以下、「感染症法」とする）(1)上の入院制度は憲法学の主要な検討対象になってこなかった。一方、医事法学の観点からみると、治療の方法を医師と専門家集団による規律に委ねる一般医療に対し、感染症医療は、行政上の規律が及ぶ点で例外を成すため(2)、患者の人権保障に関する憲法上の議論の進展が待たれている。そこで本稿では、フランス法を参照しつつ人身の自由の観点から感染症患者の入院制度を検討する。フランスでは、人身の自由が基幹的人権として位置づけられる一方、強制的な身柄拘束や身体侵襲を伴う感染症対策をおいており(3)、人権保障と感染症対策との調和を図る議論が存在すると考えたからである。

一　人身の自由に関するこれまでの議論

（一）　実体的人身の自由

人身の自由の保障の中核は身体拘束からの自由にある。一方、その憲法上の保障の根拠規定は複数条文に亘る。まず、憲法一八条は自由な人格者であることと両立しない程度に及ぶ重大な身柄拘束を奴隷的拘束として絶対的に禁止する。[4] その程度に至らない身柄拘束は、二二条の居住移転の自由が「経済的自由としてだけではなく人身の自由としての側面を有する」[5] こと、及び一三条後段の幸福追求権が「恣意的な生命・身体の自由のはく奪からの保障」（身体の自由）[6] を保障することから導かれる。このことから、人身の自由が人格に関わる意義を有すると考えられてきたことが伺える。三一条については主に広義の適正手続法定説と適正手続・適正実体説が対立しており、[7] いずれにせよ、人身の自由の実体的保障は、まずは一三条以下の具体的権利規定に見出すのが自然であるように思われる。人身の自由は、一八条、一三条及び二二条で体系的に保障されているとみることができよう。

（二）　制約の正当化

奴隷的拘束が絶対的に禁止される一方、身体の自由と居住移転の自由は公共の福祉による制約に服しうる。身体の自由の制約は他者加害防止原理と自己加害阻止原理による制約のいずれの場合にも厳格に正当化事由が求められる。[8] 居住移転の自由は、人身の自由に密接にかかわる直接的規制については厳格審査が要求されるものの、芦部信喜によれば、事の性質上内在的制約に服する場合には立法目的とその達成手段の精査を要さないとされてきた。[9] このように、人身の自由の保障根拠と制約理由に応じて合憲性の判断枠組みが異なっている。

（三）人身の自由の手続的保障

憲法上の適正手続保障は行政手続にも及ぶ[10]。ただし、行政手続にどの程度の手続保障が要請されるかは当該行政処分の性格などを総合衡量して決定し、常に保障を必要とするものではないとされる[11]。行政上の身柄拘束によって追及される公益・制約の性質や重要性等によっては、適正手続保障が大きく縮減されることもあろう。

以上から、人身の自由の実体的保障の体系が不明確であること、行政上の身柄拘束の合憲性は制約の性格に応じた個別較量的判断に服すると考えられてきたことが分かる。

二　感染症法上の入院制度

（一）入院制度の沿革

日本国憲法下でも、感染症対策として法律上に強制的措置が存置・多用され、患者等の人権の軽視が問題視されてきたなか、予防接種法の改正（一九九四年）と感染症法の制定（一九九八年）は、感染症法制のターニングポイントとなった。それは、「患者等の人権を尊重しつつ、これらの者に対する良質かつ適切な医療の提供を確保し、感染症に迅速かつ的確に対応する」（感染症法前文）という理念に象徴されている。以降、感染症法制は強制の極力排除による人権尊重と、医療提供による「個々（の健康）の積み重ねとしての社会防衛」（カッコ内筆者）を目指すしくみへと舵をきった[12]。人権尊重は、熊本地裁がハンセン病患者の入所強制による居住移転の自由と人格権の侵害を認めたことによって決定づけられたが、同判決は、感染症のまん延防止のために「必要最小限のやむを得ない措置」として入所措置を許容する余地を残していることも見逃せない[13]。

（二）入院制度の目的と法的性格

入院制度の目的は当該感染症のまん延を防止することにある。その手段として入院がとられる理由は、「患者に対し、感染症指定医療機関において良質かつ適切な医療を提供することにより早期に社会復帰させ、もって感染症のまん延の防止を図る[14]」ことに求められる。個々の患者の健康保護によって共同体の健康の防衛を図ろうとするのである。

しかし、人権尊重と個人の健康の重視という法理念によって、入院制度の複合的性格が見えにくくなっている。入院制度は、次に述べるように間接強制を伴うとはいえ個人の自発的な入院を軸とし、強制入院を回避しようとすることで患者の人権を尊重する点と、隔離ではなく特殊医療としての「感染症医療へのアクセスの確保」をもって患者の健康保護を図る点で特徴的である。そのため、入院措置はもはや衛生警察的観点からのみ説明することはできない[15]。しかし、なお即効性のある治療法や予防接種が確立していない感染症のケースなど、個人の自発的な対応に期待できない場合に備え、社会防衛の観点から入院措置がおかれている。入院制度は、いわば給付と規制、社会への弊害防止と本人の健康保護が重なり合う複合的な性格を有している。

（三）入院制度の構造と内容

入院制度は、応急入院（感染症法一九条）と本入院（同二〇条）から成り、いずれも都道府県知事に入院の勧告と措置の権限を規定する[16]。都道府県知事は、「一類感染症のまん延を防止するために必要があると認めるとき」に、患者等に対し応急入院の勧告を行い、これに従わない者を「入院させることができる」。応急入院の七二時間の期限経過後もなおまん延防止のために必要があるときには、当該患者等に十日以内の期間を定めて本入院の勧告を行い、それに従わない患者を「入院させることができる」。

本入院は何度でも延長することができる。令和三年二月一二日の感染症法改正では、応急入院又は本入院の勧告又は措置に対し、正当な理由なく応じない者や入院先から逃げた者が五〇万円以下の過料の対象とされた（八〇条）[17]。

感染症法には患者等の人権の尊重を図るための実体的手続的保障規定がおかれている。手続的適正保障として、勧告の前置（一九条一項、二〇条一項）、書面による通知と苦情・審査手続の教示（二三条）のほか、知事は各保健所におく「感染症の診査に関する協議会」に対し、応急入院については事後報告、本入院とその延長については事前に意見聴取を行わなければならない。患者等には、本入院の勧告に伴う意見陳述権、入院後の退院請求権（二二条の三）、苦情申出の権利（二四条の二）が認められる。また、入院期間が三十日を超え長期化する場合には、特例的な不服申立てが可能である（二五条）。入院手続の実体的適正は、入対象感染症や入院施設等の限定によって図られているが、釘をさすように「必要最小限度の原則」（二二条の二）が規定されている[18]。

四　入院制度の憲法適合性に関する学説

（一）入院制度と奴隷的拘束の禁止

入院制度が奴隷的拘束の禁止に反するという説は見当たらない。一方、侵害を否定する説として、入院手続が「非人道的な拘束」に当たるケースは一般的には想定できないとする説があり[19]、制度の内容・実施態様に基づく検討の必要を示唆する。ほかに、長谷部恭男は、「（入院措置が）奴隷的拘束に当たらないとするためには……自由な人格者を……人一般に妥当する行動の枠づけを理性的に了解し得る人格として捉える必要がある」という[20]。入院を拒否する患者は人格を欠くとみなすことにより、その者を入院措置の対象としても「自由な人格者」との両立はそもそも問題にならならない。この場合、入院措置はむしろ、「『自由な人格』の回復のための治療行為」であるとして許容する立場につながり得る。(21)

しかし、長谷部説には、精神保健福祉法研究から有力な批判がある。「個人の尊重」原理を基礎に、入院対象者が「すべて判断能力が欠如した者であるとはいえない」という批判や、(22)同法の理念や制度内容の解釈との齟齬を指摘する批判がある。(23)感染症患者の人格性を否定することも、患者の権利保障と個々人の理性的な感染症対策への期待の上に制定された感染症法の理念に反し不自然である。入院制度の実体的手続的保障のあり方を検討し、憲法一八条違反を判断すべきであろう。

(二) 入院制度と身体の自由

感染症法上の入院制度に関する先行研究は見当たらないが、精神保健福祉法上の措置入院(24)は、「自傷他害のおそれ」(二九条一項)を要件とするため、他者加害防止原理と自己加害阻止原理によって身体の自由を制約すると説明される。(25)そして、「自傷他害のおそれ」が生命身体の不可逆的侵害に限定されない上、抽象的危険をも含みうることから、広範性ゆえに違憲の可能性があると指摘されてきた。(26)これを感染症法上の入院制度について一考すると、広範性という観点は参考になるが、そもそも感染症の「まん延防止の必要性」が他者加害や自己加害という枠に当てはまるのか、両原理によって制約目的を十分に説明できるのか疑いが残り、固有の検討が必要になろう。

(三) 入院制度と居住移転の自由

感染症法上の入院制度は居住移転の自由の内在的制約に当たり、合憲性が緩やかに判断されると考えられてきたが、(27)近年では、入院措置の必要性をより厳格に判断すべきという説が有力になっている。入院措置が身体の自由に対する侵害をも伴うことに鑑み、その必要性や個別的状況への配慮、適正手続につき慎重な検討が必要であるという。[28] 制約の性質と規制手段の合理性とを切り離し、制約人権の重要性や比例性に着目して検討を行う点で注目される。一方、入院という制約の目的やその正当化の根拠は具体的に検討されていないため明らかでないままである。

（四）入院制度と適正手続権

入院の開始と継続の決定が、裁判所ではなく行政庁の判断に委ねられることは、憲法三一条と三三条違反の疑いを生じうる。患者の保護の必要性や緊急性から公正な第三者機関による適正な関与があればよいとする見解もありうるが、[29] 仮に聴聞機会の要請や「令状主義」の緩和を認めうる場合でも、医師の判断が措置開始の決定的要素となることや第三者機関の公正性については、なお検討が必要であろう。[30]

五　フランスにおける人身の自由と感染症患者の入院措置

以上から、日本では〈人身の自由の保障体系〉、規制目的であり入院措置の要件である〈「まん延防止」（の必要性）の法的性格〉、及び〈入院制度に求められる実体的手続的保障の条件〉が明らかでないことが課題として浮かび上がってきた。以下では、それぞれについてフランス法の状況を整理し、日本法について検討すべき要素を洗い出す。

（一）感染症対策における「入院」措置

公衆保健法典（Code de la santé publique）L三一三一－一五条とL三一三一－一七条は、[31] 隔離措置と検疫措置（「隔離検疫措置」とする。）を定める。[32] 両条は二〇二〇年にCOVID-19対策のために創設された「衛生緊急事態」条項の一部として設けられ、[33] 隔離は同感染症の感染者に対し、検疫措置はその濃厚接触者等に対し、首相令に基づき、厚生大臣又は県知事が行う行政処分である。

（二）人身の自由の保障体系

フランス憲法において人身の自由の保障規定は、総則的規定である人権宣言二条に加え、同七〜九条及び憲法六六条にある。とくに憲法六六条は、一項で不当な身柄拘束からの自由（liberté individuelle）、二項でその制限に対する司法裁判官による義務的統制の原則を定める。この保障体系の特徴は、人身の自由があらゆる自由の「盾」たる基幹的人権であり実体的手続的保障が厳しく要請される点と、人身の自由の制約には、その適正を唯一公正な立場から審査しうる司法裁判官による統制が必須とされる点にある[34]。

では、人身の自由は、往来の自由（居住移転の自由、人権宣言四条）との区別において、いかなる点で「盾」であり基幹的なのか。人身の自由の制約は「自由のはく奪」、往来の自由の制約は「自由の制約」といわれ、両者の間には、規制の性質ではなく、制約の強度に違いがある。個人が公権力の監視下におかれ移動可能性を奪われる程度が大きいほど、プライバシーや集会の自由、選挙権など、ほかの様々な人権をも間接的に制約するため、当該規制は人としての取扱いそのものの問題を生じる「自由のはく奪」として憲法六六条違反が強く疑われる。そこで憲法院は、自由の制約の程度を計るための審査枠組みを確立した[35]。まず、当該規制が身柄拘束を直接意図するかを立法資料から判断する（目的審査）。しかし、規制が身柄拘束を伴わない外出禁止等の場合には立法者の意図を確定しづらいため、次に、規制態様、とくに拘束時間を考慮する（態様審査）。判例によれば、一日の拘束時間が一二時間を超えたり[36]、総拘束期間が一か月を超えたりする場合には[37]、憲法六六条適合性が審査される。

こうして、規制が自由のはく奪に当たると考えられる場合には、憲法六六条の要請を満たすものでなければならないから、行政上の身柄拘束であっても、原則として刑事手続と同様、司法裁判官の審査の下でのみ許されうる。[38]一方、往来の自由の制約の場合には同条の要請は及ばず、必ずしも令状に相当する手続を要さない。このように、身柄拘束の合憲性の判断枠組みは自由一般に対する制約の程度によって区別され、裁判官による統制の要否という点で保護の程度に違いが生じる。

(三)　規制目的としての「健康保護」

一九四六年憲法前文一一項は「国は、全ての者に……健康保護……を保障する」と定め、憲法院はこれを「憲法上の効力を有する目標（Objectif de valeur constitutionnelle）」[39]、すなわち国家目標規定として現行憲法上に位置づけている。本規定は、立法者に集団と個人の健康保護を具体化する抽象的立法義務を課した上で、具体的手段の選択に関する立法裁量を広く認める機能と、健康保護の実現を阻害する人権行使を制限する根拠として公衆衛生という規制目的を正当化する機能をもつ。ただし、規制が社会防衛の目的をもつ場合に個人の健康や人権への配慮が免除されるわけではない。健康保護目標の下、立法者は集団と個人の健康、人権保障のバランスをとり、規制が結果として個人の利益となるよう調整する役割を担う[40]。保健衛生のための規制を行う立法であっても、人権の実質的保障のための規定を兼備しなければならない。

(四)　隔離検疫措置の正当化条件

隔離検疫措置に関する憲法院判決[41]では、いかなる実体的手続的保障が合憲の条件とされたのか。

隔離検疫措置は「あらゆる外出を禁止すること」を意図して設けられた一日一二時間を超える拘束であるため、憲法六六条の枠組みで審査された。一般に人身の自由の制約は、目的が正当であっても不必要に厳しい規制によって制約されてはならず、厳格な必要最小限の条件の下、十分な実体的手続的保障が求められる。ただし憲法院は「隔離検疫措置の目的は……疾病のまん延を防ぐことであり、立法者は憲法上の健康保護目標を追求した」（判決理由四一）と述べ、健康保護目標に照らし立法裁量を尊重して規制目的の正当性を緩やかに判断した。次に、規制手段の必要最小限性は、措置の発動可能時期（衛生緊急事態下のみ）、対象者（帰国者又は本土外への渡航者のみ）及び期間（原則一四日以内）が限定されていること、拘束場所（自宅又は施設）の選択権が本人に留保されていること、開始決定時における診断書と保健所長の意見の添付が義務付けられていること等の実体的手続的保障規定を積極的に考慮した。そして、「人身の自由は、（身体拘束に対し）司法裁判官が可能な限り早期に関与するのでなければ、保障されているとはいえない」とする判例に従い[42]、一四日を超える措置に令状担当裁判官（自由拘留判事）による義務的審査が法定されている点を指摘した。以上に鑑み、憲法院は「法律上に適切な諸条件が設けられている」として、隔離検疫措置がまん延防止のための必要最小限の規制であると考え、合憲の判断を下した[43]。たしかに憲法院の判断が憲法六六条に照らし厳格な審査であったかについては、学説上批判もある[44]。しかし、感染症のまん延防止のために行われる行政上の身柄拘束の場合にも、人身の自由に対する中核的な保護を求め、必要最小限の原則や裁判官による義務的統制が制度に組み込まれているよう、憲法上のコントロールがはたらいた点は注目される。

おわりに

第一に、人身の自由の保障体系は、フランスでは、総則的規定である人権宣言二条の下、規制による自由一般に対する制約の強度に応じて厳格な保護を求める狭義の人身の自由と、より緩やかな保護でよい往来の自由の枠組みが当てはめられる。日本でも、規制による対象者の人権・人格に対する影響の程度に応じて、奴隷的拘束の禁止、狭義の人身の自由（一三条）、狭義の居住移転の自由（同条）を体系的に理解し、人身の自由を保障する意義を基底するものとして補充的に一三条の保護を及ぼすことができよう。入院制度は奴隷的拘束とは言えないものの、対象者は、本入院の延長によって長期間拘束される可能性があること、外出禁止の間接強制（過料）を背景に二四時間衛生行政上の監督に服すること等に鑑みれば、人権制約の程度は大きく、狭義の人身の自由の制約にあたり、合憲性は厳しく検討される。

第二に、規制目的の正当性については、入院制度の複合的性格が問題になる。患者が入院しないことによって他者や本人の生命身体を不可逆的に侵害するとは言えず、他者加害防止原理や自己加害阻止原理によってのみ、入院の規制としての性格を説明し、正当化することは難しい。一方、入院の医療アクセス保障としての性格を重視すれば、規制の不在がかえって個人の健康に不利益を及ぼす場合もある。(45) 健康上の危険防止の観点から立法・行政に規制権限を行使するよう一定の義務付けを行い、その上で裁量を制限することにも意義がある。

フランス憲法では、健康保護目標の下における立法裁量は、公衆衛生の向上手段が給付と規制の両面的な性格をもち、両者を調整するためにこそ認められる。仮に日本でも、憲法二五条二項の「国の公衆衛生の向上増進義務」に規範的意義を認め、立法者に公衆衛生と個人の健康、人権を調整する立法裁量の根拠と限界を見出すならば、入院措置の複合的性格を憲法構造から説明し、内在的制約か外在的制約か、給付か規制かによって合憲性の基準を定める議論から離れることになろう。その場合、人身の自由の保障の要請に照らした検討が求められる。

では、入院措置が許容されるために感染症法が備えるべき条件とは何か。上述の通り、①目的達成手段としての入院制度の必要性、②患者の個別的状況の考慮、③必要最小限性、④適正手続が求められると考えられてきたが、具体的条件は示されていなかった。

①は、入院措置が存置された意図から、対応策が未確立の感染症や感染力の強い重篤な感染症の患者を早期に入院させることは、伝染を防ぐためにやむを得ない措置であると考えられる。
②は、入院中の患者の苦情申出の権利と患者への意見聴取手続を通じて考慮される。
③は、対象疾患や入院施設を限定することで確保されているが、COVID-19事例では、自宅療養のみで回復しうる患者もが伝染防止のために入院措置の対象になったことが問題視された。入院の条件として「まん延の防止のために必要がある」ことの他に、「治療の必要」が要請されていないため、知事の裁量で対象者が選別されたのであろうが、人身の自由の観点からは、必要最小限性が確保されていたといえるか疑いが残る。
④は、裁判官の関与が法定されていない点が争点となる。フランスでは、伝染防止や医療提供の必要性等は裁判官の関与のタイミングの判断においてこそ考慮され、関与そのものを免除するものではない一方、日本では、令状主義は行政手続における人身の自由の保護のために必須とまでは考えられていない。しかし、入院措置が繰返しの延長と間接強制によって人身の自由に強い制約を課しうる以上、少なくとも措置の継続に裁判官を関与させるべきであるように思われる。仮に第三者機関による関与で代替しうるとしても、委員の過半数が医師である感染症に関する診査協議会が、裁判所に準ずるといえる程度に、人権保障の観点から公正な検討を行うことができるか等、組織的・実証的な観点から検討する必要がある。
憲法が人身の自由と公衆衛生の向上増進の調和的な保障を定めているとすれば、「人権尊重」の感染症法制の確立に向けて、必ず確保すべき人身の自由の保護の中核を画していく必要があろう。

(1) 本稿では、感染症法一九条及び二〇条における入院を取り扱う。両条は二類感染症の患者と新型インフルエンザ等感染症にも準用されるほか（二六条一項・二項）、一年以内の政令で定める期間に限り、指定感染症に準用しうる（六条）。新感染症の所見がある者については別途同様の入院制度がある（四六条）。
(2) 米村滋人『医事法講義』（日本評論社、二〇一六年）三三一頁。
(3) たとえば、予防接種義務制度（拙稿「フランスにおける予防接種義務制度の基礎的研究」帝京法学三三-二（二〇一九年）一五五-二〇〇頁）。
(4) 芦部信喜『憲法学Ⅲ〔増補版〕』（有斐閣、二〇〇〇年）二四三頁。
(5) 野中俊彦他『憲法Ⅰ〔第五版〕』（有斐閣、二〇一二年）四五八頁〔高見〕。
(6) 佐藤幸治『日本国憲法論〔第二版〕』（成文堂、二〇二〇年）一八八頁（傍点原文）。一三条による人身の自由の保障の射程の違いに関する理解の違いから、その呼称についても諸説あるが、本稿では差し当たり「身体の自由」と表現する。
(7) 南野森「三一条」芹沢斉他編『新基本法コンメンタール憲法』（日本評論社、二〇一一年）二五四頁。
(8) 竹中勲『憲法上の自己決定権』（成文堂、二〇一〇年）一六〇頁。同様に、松井茂記『日本国憲法〔第三版〕』（有斐閣、二〇〇七年）五〇六頁。
(9) 芦部・前掲書注4五六七頁。自己加害阻止原理による制約は検討されていない。
(10) 長谷部恭男編『注釈日本国憲法（3）』（有斐閣、二〇二〇年）一五〇頁〔土井〕。
(11) 最大判平成四年七月一日民集四六巻五号四三七頁。令状主義を含む三三条以下の規定についても同様に解されている（長谷部・前掲注10三三五頁〔川岸〕）。
(12) 拙稿「感染症の危機における人権保障」年報医事法学三六巻（二〇二一年）。
(13) 熊本地判平成一三年五月一一日判時一七四八号三〇-一〇九頁。
(14) 厚生労働省『詳解感染症の予防及び感染症の患者に対する医療に関する法律』（中央法規、二〇一六年）一一四頁。

(15) 磯部哲「感染症法・特措法の仕組みに関する医事行政法的考察」法時九三巻三号（二〇二一年）六二頁。
(16) 感染症法に「患者」の定義はないが、一類感染症の疑似症患者と二類感染症のうち政令で定めるものの疑似症患者及び一類感染症と新型インフルエンザ等感染症の無症状病原体保有者はそれぞれ「患者等」とみなされる（八条）。
(17) 入院「勧告」に間接強制が導入され、感染症法における「勧告」の法的意味が変容したと指摘される。磯部哲『自粛』や『要請』の意味」法教四八六号（二〇二一年）一三‐一四頁。
(18) 高橋滋「結核の予防・治療と人権」結核八三巻二号（二〇〇八年）一一三頁。
(19) 渡辺康行他『憲法Ⅰ』（日本評論社、二〇一八年）三二七頁。
(20) 長谷部恭男編『注釈日本国憲法（2）』（有斐閣、二〇一七年）二六一頁〔長谷部〕。
(21) 木下智史他編『新・コンメンタール憲法〔第二版〕』（日本評論社、二〇一九年）一九六頁〔木下〕。
(22) 竹中・前掲注8一六二頁。
(23) 石埼学「隔離及び身体的拘束」同志社法学七二巻四号（二〇二〇年）四三六頁。
(24) 措置入院につき、大谷寛『新版精神保健福祉法講義〔第三版〕』（成文堂、二〇一七年）。
(25) 精神保健福祉法研究におけるポリスパワーとパレンスパトリエがそれぞれ他者加害防止原理と自己加害阻止原理に接近すると思われる（大谷・前掲注24四四頁以下）。
(26) 竹中・前掲注8六〇頁。
(27) 芦部・前掲注4五八六頁。
(28) 長谷部・前掲注20四七四‐四七五頁〔宍戸〕。
(29) 精神保健福祉法上の入院措置について、竹中・前掲注8一六八頁。
(30) 同じく精神保健福祉法上の議論を参照（横藤田誠「精神科医療の基本原理と関連法制度」甲斐克則編著『精神科医療と医事法』（信山社、二〇二〇年）二九‐三一頁）。
(31) 同法典の抄訳は、拙訳「フランスの感染症まん延対策関連法令集」帝京法学三四巻一号（二〇二〇年）四一七

－四六〇頁を参照。

(32) 隔離検疫措置の定義は二〇〇五年国際保健規則を参照。これとは別に国境検疫上の隔離検疫措置（L三一一五－一〇条）は、日本の停留に近い措置であろう。

(33) 拙稿「フランス—新たな法律上の緊急事態の創設」大林啓吾編『コロナの憲法学』（弘文堂、二〇二一年）一一二－一二四頁を参照。

(34) 司法裁判官が唯一の人身の自由の擁護者とされる背景には、二元的裁判制度における権限配分の問題がある。フランス憲法判例研究会編『フランスの憲法判例Ⅱ』（信山社、二〇一三年）一五七－一六五頁の解説〔山元〕を参照。

(35) FAVOREU, L. *et al. Droits des libertés fondamentales*, 7è éd., Dalloz, 2015, p. 189–191.

(36) 治安災害緊急事態下の居住指定の規定に関する事例（CC, 2015-527 QPC du 22 déc. 2015）。

(37) 外国人の空港内における留置きの事例（CC, 92-307 DC du 25 fév. 1992）。

(38) CC, 2011-135/140 QPC du 9 juin 2011.

(39) DE MONTALIVET, P. *Les objectifs de valeur constitutionnelle*, Dalloz, 2006.

(40) 参照、拙稿「憲法における公衆衛生・健康・身体」同志社法学四一四Ⅰ号（二〇二〇年）四八四－四九四頁。

(41) CC, 2020-800 DC du 11 mai 2020.

(42) CC, 79-109 DC du 9 jan. 1980. 判例上、警察留置や入管収容、同意なき精神医療入院など、拘束開始後に司法裁判官が関与すべき時期は、処分の開始以降四日から一五日まで多岐に亘る。

(43) ただし、自宅における隔離検疫措置にも義務的司法審査が及ぶとする解釈留保が付された。

(44) PENA, A. «La liberté individuelle face au Covid-19 : l'adaptation des garanties de l'article 66 de la Constitution aux circonstances d'urgence sanitaire (suite et fin)» *LPA*, no 158b4, 2020, p. 9s.

(45) こうした公衆衛生特有の事情は、筑豊じん肺訴訟（最判平成一六年四月二七日民集五八巻四号一〇三二頁）等の行政の不作為事例や宿泊療養中のCOVID-19患者の死亡事例で強く認識された。

（46）ただし、家庭状況の考慮や意思表示能力の乏しい者への配慮は法定されていない。
（47）太田匡彦「新型コロナウイルス感染症にテストされる感染症法（下）」法時九二巻一一号（二〇二〇年）八六頁以下。

［附記］本稿脱稿後に、曽我部真裕「日本国憲法における移動の自由」法セミ七九八号（二〇二一年）六－一三頁に接した。本研究は、ＪＳＰＳ科研費二〇Ｋ一三三二五の助成をうけたものである。

（二〇二一年六月脱稿）

人間の尊厳と社会連帯の規範的意義に関する考察
――ケアをめぐる社会的リスクを中心に――

朱　穎嬌
（京都大学・院）

はじめに

本稿は、人間の尊厳と社会連帯を結び付けて、社会権の基礎付けとなる人間の尊厳概念およびその規範的意義の明確化を試みるものである。現代社会では、人間の尊厳が法概念として大きな重要性を与えられたものの、その意味内容はなお曖昧であり、その規範性も多様な適用場面の出現によりますます希薄になっている。人間の尊厳の曖昧さと多義性は、人権の非排他的かつ安定的な道徳的合意の基礎を提供しうる一方、人間の尊厳自体の法的規範性の形骸化、ひいては人権のインフレをもたらす恐れがある。そこで本稿では、ケアの倫理の観点から[1]人間の脆弱性や依存に由来する人間の尊厳を主張した上で、こうした尊厳構想が社会連帯を通じてケアをめぐる現代的課題に与える新たな解決可能性を検討して、人間の尊厳を実効的な法概念とすることを目指したい。

一　人間の尊厳とは何か？

（一）新しい尊厳構想

人間の尊厳に関しては、これまで様々な構想が提示されたが、大別すれば二つの類型、すなわち「所有論的な尊厳観」と「存在論的な尊厳観」に分けることができる。前者は自律性や自己決定能力など「何かを持っている」ことから人間の尊厳を見出そうとする考え方であるが、後者は人間に何かの資質を求めるのではなく、人間存在そのものが尊厳の源泉であるとする考え方である。何かを持っていることを根拠にして人間に尊厳を認めることになると、そこには必ず条件を満たせないゆえに尊厳の対象から排除される人間が現れる。他方、人間の性質や能力等を一切考慮せず、存在自体に価値を認める場合、人間はいかにして他の生物と区別され固有の尊厳を持つのかという問いに答えなければ、「人間中心主義」の批判を免れない(2)。そこでこの二つの尊厳観の問題を克服しているのは、ハッソー・ホフマンが提起した関係概念としての人間の尊厳である。

ホフマンは、人間の尊厳を実体的に捉える従来の尊厳構想に反し、「人間同胞的連帯」を梃子として、人間同士の関係性に基づく人間の尊厳を主張する(3)。そこでは、人間の尊厳は共同体の構成員によって承認された相互尊重の「約束」として理解される。ホフマンの言う関係性をケアの倫理に照らして考えれば、人間は人生の様々な場面で依存的な状態に陥るから、他者とは常に依存と相互依存の関係性を結んでいる、ということが言えよう。こうした人間のあり方は、いかなる人も経験する普遍的な脆弱性という人間の条件に由来している。人々は日常生活において、依存に対応するケアの活動、およびその活動によって形成されたケアリング・ネットワークを通して、相互尊重の約束を不断に実践し確認する。そのプロセスの中で、個々人は「自尊感情を形成するとともに、他者の尊厳をも承認することになり、あらゆる人間が尊厳のある存在として扱われるべきという『規範的意識』を醸成する」[4]のである。

こうして構想された人間の尊厳をあえて定義するならば、人間はみな脆弱的な存在であるから、「その存在それ自体のゆえに等しく比較不可能な目的性を有し、道具化・手段化が不可能であり、一回性・唯一性・代替不可能性を有する」[5]主体として、尊敬の念をもって扱われる価値を有し、尊厳を保有することになるだろう。

（二）フランスにおける人間の尊厳の適用

上記の尊厳構想が実際にどのように適用されうるかを考察するため、フランスにおける人間の尊厳の法的議論を概観しよう。フランスでは、憲法上人間の尊厳に関する明文規定は存在せず、人間の尊厳は一九九四年憲法院判決によって初めて憲法的価値を有する原理として確立されたのである。

しかし、人間の尊厳を憲法に明記しようとする動きは前から存在していた[6]。一九四六年四月の憲法草案では、社会的・経済的諸権利の部分で「人間の完全性と尊厳において身体的、知的かつ道徳的に完全な発展を保障する諸権利」（二二条）、労働者の健康や尊厳を侵害する労働時間と労働条件の禁止（二七条）、尊厳のある生活を送るための男女双方の正当な報酬を得る権利（二八条）等が規定された。また、第五共和制憲法の一九九三年改正時では、「何人も、私生活および人間の尊厳に対する尊重の権利を有する」という一文を憲法六六条に挿入する提案が憲法改正諮問委員会によって行われ[7]、それを受けて作成された憲法改正草案は、憲法一条の一般原理において私生活および人間の尊厳に対する権利を規定した。

もっとも、上記の試みはいずれも失敗に終わり、人間の尊厳の「憲法化」は一九九四年七月二七日憲法院判決[8]においてようやく実現された。この判決では、一九九四年生命倫理法の合憲性審査を行う際に、憲法院は一九四六年憲法前文から人間の尊厳原理を導き出した。すなわち、「あらゆる形態の隷従と貶めに対する人間の尊厳の保護は憲法的価値を有する原理である」。憲法的原理である人間の尊厳の下、生命倫理法では人間の尊厳を保護するための具体的規範として四つの原理が導入されたとされる。

このように人間の尊厳原理が確立されてから、フランスでも法的領域における尊厳の適用が盛んになった。この時期では、人間の尊厳について主に二つの用法が見られる。一つは、社会権をはじめとする人権の基礎付けまたは拡張根拠として尊厳を援用するものである。例えば、一九九五年一月一九日憲法院判決が人間の尊厳原理から住居への権利を導出したことや[9]、社会的排除の対策方針に関する一九九八年法律が一条で「排除との闘いはすべての人間の平等な尊厳の尊重に基づく国民的要請」だと宣言したこと[10]等が挙げられる。もう一つは、自由を制限したり、個人により高い人間性の義務を課したりする場合に人間の尊厳を引き合いに出すものである。その典型例として「小人投げゲーム」を禁止した一九九五年コンセイユ・デタ判決[11]があるが、他にも放送の自由や営業[12]の自由などを制限する多く[13]の裁判例が見受けられる。

二〇〇八年、サルコジ元大統領が人間の尊厳原理を憲法前文に明記する意図を表明し、そのために人間の尊厳の明文化を含んだ憲法前文の見直しの是非を検討する専門家委員会を設置したが、その委員会は人間の尊厳には、他者による完全な支配を排除するあらゆる人間の平等な尊厳という平等主義的な理解と、人間にふさわしいものの表象に対する尊重の一般的義務を課す尊厳至上主義的な理解とがあると指摘し、後者を明確に拒否した上で「すべての人の平等な尊厳（égale dignité de chacun）」の承認を定める一文を憲法に書き込むよう提案した。[14]この提案は最終的に尊厳の明文化にはつながらなかったが、尊厳の用法を明確に区別した委員会の考え方は、人間の尊厳をめぐる論争の発展にとって大きな意義があると指摘される[15]。

（三）小括

上記のように、フランスでは、一九四六年憲法制定時にすでに社会権との関連で人間の尊厳が意識されていた。憲法的原理として確立された後も、人間の尊厳はしばしば社会権の根拠付けとして用いられている。社会権は、自律的な人間に必要とされる権利というより、むしろ脆弱的な人間を想定して、その存立基盤を保障するためのものだと言えるならば、社会権の基礎をなす人間の尊厳は、人間の普遍的な脆弱性から導かれる前記の尊厳構想とは親和的であると言えよう。

次には、フランスの社会保障における連帯概念に着目して、人間の尊厳が実際に社会権保障の場面でいかにその規範性を発揮するかについて検討したい。

二　人間の尊厳と社会連帯

（一）第三共和制期の社会連帯論

フランスでの連帯概念は、第三共和制期に流通した連帯思想から来ており、当時は多くの分野で連帯論が展開されたが、本稿で参照するのはレオン・ブルジョワの社会連帯論である。ブルジョワは、科学的に観察された生物間の相互依存という「自然的連帯」を人間社会に当てはめ、個々人が日々生産物を作り他人に提供すると同時に、他人の労働で産出された成果を享受するという事実からすれば、人間社会にも自然的連帯が存在するという[16]。

しかし、この自然的連帯には二重の不平等が見られ、人間の健康、身体的・知的能力、寿命の自然的不平等があるほか、社会的取り決めがもたらした不平等もある。前者について、人間の意志が作用する余地がないため正義の問題にはならないが、後者については「人間が連帯の諸法則を観察し、それを確認してから、正義に合致するようにそれらの結果を修正しなければならない」とされる[17]。

正義に適った社会的連帯への移行には二つの核心要素がある。まず、各人は過去の世代および同時代の人々の作り出した社会的資本から恩恵を受けているので、社会に対して債務者であり、本人の意志にかかわらず「社会的債務」を返済する義務を負う。次に、こうした社会的債務に関し事前の同意があるわけではない。その正当化には、民法上の「準契約」概念を借用し、公法の領域で準社会契約の概念を作り出して、各人の社会的債務に対する遡及的な同意を推認するプロセスが必要である[18]。

社会的連帯は、このように社会的債務の返済を求めるが、そこで個人の具体的な債務額の算定という実際問題が生じる。ブルジョワは個人の債務額を直接に算定することの不可能性を承認した上で、債権と債務の総計の「相互化」、つまり自然的連帯から生まれる社会的利益は万人に開放し、そこにある社会的リスクは共同して負担するという方法によって社会的債務の返済を可能にし、社会的連帯を実現していくと主張する[19]。

(二) 社会連帯論の問題点

ブルジョワの社会連帯論は、平等な市民という建前から社会的債務における不平等を見つけ出し、その不平等を解決するために社会連帯を構想した点で画期的である一方、大きな理論的限界を伴う。

①自然的不平等の放置

この問題を顕在化させたのは、障害者運動の中で提起された「社会モデル」である。社会モデルでは、心身の機能障害という impairment と、社会的に作り出された障壁という disability が区別され、後者について障害者の社会参加を排除している社会体制自体が問題であるから、障害者を排除しないように社会を変えるアプローチが求められる[20]。

こうした社会モデルは、障害者だけでなく、社会的弱者とされる他のカテゴリーの人々にも妥当すると思われる。そうすると、自然的不平等を放置するのではなく、そこから社会レベルのものを分離し、正義の問題として対処する必要性が出てくるだろう。

②自立的な労働者というフィクション

社会連帯論の核心には、労働で収入を得る労働者という普遍的な市民像があるが、それは単なるフィクションだと考えられる。健常成人男性だけで形成された社会秩序では、市場で商品化できない家庭内のケア労働およびそれに伴うリスクはすべて無視される。しかし、家族のケア活動がなければ、市場における自立的な労働者は存在しないし、市場メカニズムは人間社会そのものを破壊するだろう[21]。したがって、社会連帯を真に実施するならば、私的領域でのケア労働に対する社会的債務も考慮されなければならないのである。

(三) 人間の尊厳から見た社会的リスクと社会連帯

以上からすれば、社会連帯論は労働者の労働に伴うリスクを相互化することで、人間の脆弱性の一部に対応する効果を持っているとはいえ、人間の脆弱性の普遍的性格に対する認識が欠如するため、普遍性を欠く理論にならざるを得ない。本稿で主張されている人間の尊厳の観点からして、社会連帯が必要とされる究極的な理由は、他でもない人間の普遍的な脆弱性であり、そのため、脆弱性の原因となる社会的リスク、および脆弱性への直接な応答であるケアをめぐって生じる社会的リスクはすべて社会的連帯の中心に位置付けられるべきと考えられよう。

実際に、フランスの連帯メカニズムでは新しい社会的リスクの発見により、社会連帯論の限界に起因する実際問題を乗り越えている動きが見られる。例えば、一九九七年一月二一日憲法院判決では、要介護高齢者に対する扶助としての「特定介護給付ＰＳＤ」が国民的連帯の要請に適合する社会扶助手当と判断され(22)、人間の加齢に伴い不可避的に生じる依存という老齢のリスクも、連帯メカニズムにおいて集合的に対処されるものだと認識された。また、同年一二月一八日の憲法院判決は、一九四六年憲法前文一〇項および一一項から由来する憲法的要請が、家族のために国民的連帯の政策を実施することを含意すると明言して(23)、子どもの養育という家族的負担を、社会全体での対応が必要な社会的リスクに明確に位置付けた。

このように、フランスの社会保障や社会扶助に関しては、一九四六年憲法前文に由来する憲法的要請として国民的連帯が観念されているが、実はその背後に人間の尊厳の保護として普遍的な脆弱性をいかに対処するかの考えがあったのではないか。そうだとすれば、連帯の要請は、人間の尊厳を保護するための具体的規範として存在し、憲法上明示的な根拠がなくても、人間の尊厳原理から論理必然的に導かれうるものだと言える。さらに、人間の尊厳の観点から見れば、グローバル化に伴って連帯の範囲が拡張しているなら、国民的連帯を越えて、真の社会連帯を目指すことこそが本筋であろう。

三　日本法への示唆

（一）　憲法二四条と二五条の連関

上記議論を踏まえて日本法への示唆を検討する際に、まず憲法上人間の尊厳の位置付けが問題になる。日本国憲法では「人間の尊厳」は明記されていないが、人間の尊厳の憲法的価値について一定のコンセンサスはあるし、幾つかの条文の「背後あるいは基盤にある」人間の尊厳を想定することもできるかもしれない(24)。このように人間の尊厳を措定すれば、憲法二五条については、その基盤にある人間の尊厳の要請に照らし、社会連帯を可能にする制度整備によって人間の普遍的な脆弱性に対する社会的な対応を実現するという目標設定がありうるだろう。

他方、憲法二四条の「個人の尊厳」は、家庭内の「個人の、人間としての尊厳(25)」と解され、私的領域における人間の脆弱性への対応に関する規範となりうる。もっとも、前述の通り、人間の普遍的な脆弱性への対応は本質的には社会的な問題であるから、家族に第一義的なケアの役割を割り当てるとしても、それは責任の丸投げを意味するわけではなく、ケアの責任の公正な分配を要求するのである。憲法二四条の定める家族制度は、まさに国家法によって家族の「関係的責任」を整序支援するためのものだと解される(26)。

憲法二四条と二五条は、人間の普遍的な脆弱性への法的対応である点で共通しており、ケアをめぐる社会的リスクの公正な分配において相互に連関している。国家が、家族制度を通じて家族の扶養義務等を確定すれば、自然にケアに関する公的責任の輪郭も明確になり、逆もまた然りである。したがって、家族とその構成員がケアの責任に押しつぶされないように、まずは家族と国家・社会の間の責任配分として、社会的連帯においてケアの社会的リスクを相互化する必要があり、国家はそのための諸制度を積極的に用意しなければならない。次に、家庭内の責任配分では、「個人の尊厳と両性の本質的平等(27)」に照らして、家族制度は性別役割分業の修正や弱者保護などの場面で機能すべきであり、二次的依存を生じさせないよう、ケアする側とケアされる側両方の尊厳の保護を図る必要がある。

（二）ケアの社会化

社会連帯によりケアの社会的リスクを相互化することの必要性は前述の通りであるが、相互化の具体的な実施方法については二つの考えがありえて、すなわち家族にケアの責任を引き続き委ねるとともに、ケアの費用について家族またはケアの担い手に補償を与えるという「ケア費用の社会化」と、ケア労働自体を公的サービスや市場を通じて他者に担わせることで、家族をケアから解放するという「ケア労働の社会化」である。前者は女性の就労中断を奨励し、性別役割分業を維持・強化する恐れがあるとしてしばしば批判される一方、後者は雇用や賃金のジェンダー格差が大きい状況において、低所得の女性をケア労働に追いやる傾向があると思われる(28)。それゆえ、両者の優劣は必ずしも定かではなく、家族がケアをするかしないかについて自由に選択できるよう、ケア費用とケア労働両方の社会化を進めていく必要があろう。

なお、ケア労働の社会化の必要性について若干敷衍すると、日本では、児童手当の拡充によって家族のケア責任をサポートする政策が強く選好されてきたが、その場合、ケア活動は依然として私的領域に留められ、公私区分により、実際にどのようなケアが行われることになるのか、また、ケアのニーズが適切に充足されうるのかといったことは、家族の自己責任に帰される。しかし、社会学者ウルリッヒ・ベックが指摘したように、第二の近代では家族の個人化が進み、性別役割分業に基づく家族のケア機能も低下しているので、ケア労働の社会化・脱家族化はその必然的な帰結として起こるのである。そうであるならば、ケア労働の社会化は社会連帯にとって避けて通れない問題であるとも言えよう。

おわりに

人間の尊厳は人権と不可分の関係にある法概念として重要視されているものの、その意味内容や規範的意義はことのほか不明確である。本稿では、現実の人間の普遍的な脆弱性に基づき、人間の尊厳およびその憲法上の規範的意義に関して一つの構想を提示した。このような構想によって、人間の尊厳は社会権の基礎付けとなりえて、さらには、その帰結として導かれる社会連帯の要請を通して社会権保障、とりわけ社会保障制度の構築に対し規範性を発揮することが可能になる。また、私的領域でのケア活動に関しても、人間の尊厳は依存的な者への適切なケアおよびケア責任の公正な分配に寄与する家族制度、公私区分の再画定を要請している。

もちろん、人間の尊厳の適用場面はこれらに限られない。近年、生命科学の発展により人間の脆弱性という前提自体が疑問にさらされているので、当然人間の尊厳を生命倫理に関連付けて、生命の始まりや終わりに拡張して考える必要があろう。本稿は具体的問題について十分に論じておらず、今後は人間の尊厳の適用場面ごとに具体的に検討することとする。

（1）ケアは学術用語として幅広く使われており、定義によっては自立的で平等な個人間の自発的な世話もケアの概念に含まれうるが、本稿は社会連帯の対象となり、法的・社会的な対応が求められる依存者へのケアの問題に関心をもっているため、さしあたりケアの概念を依存的な個人の身体的・情緒的な欲求に応えるために行われた活動およびその関係に限定する。

（2）拙稿「婚姻と家族と個人の尊厳（一）―ケアの倫理に基づく関係論的な尊厳構想を中心に―」法学論叢一八六

巻三号（二〇一九年）一二〇－一二四頁。なお、筆者の分類と類似するものとして、ラルフ・シュテッカーは「能力コンセプト（Leistungskonzeption）」と「持参金コンセプト（Mitgiftkonzeption）」との区別により二つの尊厳観の対立を指摘している。加藤泰史「尊厳概念史の再構築に向けて―現代の論争からカントの尊厳概念を読み直す―」思想一一一四号（二〇一七年）八－九頁参照。

（3）Hasso Hofmann, Die versprochene Menschenwürde, in: AöR 118 (1993), S. 353ff.

（4）拙稿「婚姻と家族と個人の尊厳（二・完）―ケアの倫理に基づく関係論的な尊厳構想を中心に―」法学論叢一八六巻四号（二〇二〇年）一一五－一一八頁。

（5）葛生栄二郎『ケアと尊厳の倫理』（法律文化社、二〇一一年）四八頁。

（6）人間の尊厳の「憲法化」に関する最初の試みはヴィシー政権に遡れる。その下で作成された諸憲法草案の中にはすでに人間の尊厳を掲げた条文が幾つか見られる。

（7）«Rapport remis au Président de la République le 15 février 1993 par le Comité consultatif pour la révision de la Constitution», J.O. du 16 février 1993, p.2548. その提案の理由としては、フランス社会の進化状況に照らし、社会的にすでに認められていた権利を憲法に書き込む必要があり、かつ、これらの新しい権利の憲法的承認は時宜を得た適切なものである、ということが指摘されている。

（8）CC, Décision n°94-343-344 DC du 27 juillet 1994.

（9）CC, Décision n°94-359 DC du 19 janvier 1995. 憲法院は「住居の多様性（diversité de l'habitat）に関する法律」の合憲性審査において再び人間の尊厳原理を援用し、その上、すべての人がまともな住居を有する機会は憲法的価値のある目的であると判示した。人間の尊厳原理から、まともな住居を有する権利が憲法上保障されることになったと考えられる。

（10）Loi n°98-657 du 29 juillet 1998 d'orientation relative à la lutte contre les exclusions, J.O. du 31 juillet 1998, p.11679.

（11）CE, Ass., 27 octobre 1995, Commune de Morsang-sur-Orge, n°136727 ; Ville d、Aix-en-Provence, n°143578.

(12) CE, 20 mai 1996, Société Vortex, n°167694 ; CE, 9 octobre 1996, Association «Ici et Maintenant», n°173073.
(13) CA Versailles, 24 novembre 2004, SARL Ouaps/Union des familles de malades mentaux et de leurs associations, JurisData n°2004-264123.
(14) Simone Veil（2008）Redécouvrir le Préambule de la Constitution: Rapport au Président de la République, pp.93-96, La Documentation française.
(15) Stéphanie Hennette-Vauchez（2014）Human dignity in French law, in: Marcus Düwell et al.(eds.) The Cambridge Handbook of Human Dignity: Interdisciplinary Perspectives, p.373, Cambridge University Press.
(16) Léon Bourgeois（1912）Solidarité, 7eéd., p.20, Armand Colin.
(17) Ibid. p.89-90.
(18) Ibid. p.46, 61.
(19) Ibid. p.204.
(20) 杉山有沙『日本国憲法と合理的配慮法理』（成文堂、二〇二〇年）二五-二七頁。
(21) 岩崎晋也『福祉原理――社会はなぜ他者を援助する仕組みを作ってきたのか』（有斐閣、二〇一八年）一八八-一八九頁。
(22) CC, Décision n°96-387 DC du 21 janvier 1997.
(23) CC, Décision n°97-393 DC du 18 décembre 1997.
(24) 押久保倫夫「それでも『人間の尊厳』は絶対である」工藤達朗ほか編『憲法学の創造的展開　上巻』（信山社、二〇一七年）四五六-四五八頁。
(25) 辻村みよ子『憲法と家族』（日本加除出版、二〇一六年）九二頁、注31。
(26) 中山茂樹「家族と憲法：何が憲法上の問題となるのか」比較憲法学研究三一号（二〇一九年）一〇七頁。
(27) Eva Feder Kittay（1999）Love's Labor: Essays on Women, Equality, and Dependency, pp.40-42, Routledge.
(28) 辻由希『家族主義福祉レジームの再編とジェンダー政治』（ミネルヴァ書房、二〇一二年）二三-二四頁。

第三部　現代政治と統治機構の変容

彷徨う民主主義
――アメリカの政治的分断と司法――

大林啓吾
（千葉大学）

序

アメリカの政治的分断が加速している。党派的イデオロギーに基づく分極化が著しく、「アメリカは激しい分断状況にあるため、危機に直面した場合ですら立法府は妥協できない[1]」状況に陥っている。分断は政治的場面に限られない。たとえば、人種差別や貧富の差は従来から社会的分断をもたらしてきたが、医療保険や移民規制などの対応策をめぐる共和党と民主党の対立が国民の間のイデオロギー対立を助長させ、その溝をますます深めている[2]。

とりわけ、トランプ政権は社会の分断をもたらしたとみなされる傾向にある[3]。トランプ大統領は何かにつけ民主党を激しく批判し、また国民にその嫌悪の情を訴えた。そのため、「我々は国家の党派的エコーチェンバーにさらされている[4]」と揶揄されるように、共和党支持者の偏向が加速すると同時に民主党に対して敵愾心を持つことで団結し、他面、民主党も共和党との対決色を鮮明していくなど、分断の溝を深める結果となっている。また、トランプ大統領は既存政治の打破を掲げながら大衆の支持を獲得したこともあり、いわゆるポピュリズムの波に乗って当選した経緯があるが、それもまた分断を促進した。(5) ポピュリズムは、多元的な社会を前提とせず、既存政治を敵とみなし、政治変革を求める姿勢に共感する者の熱烈な支持を獲得するため、社会の亀裂を広げる作用をもたらすからである。

もっとも、かかる分断はトランプ政権に始まったわけではない。実際には、オバマ政権時代から分断が深刻化していた。オバマ政権下では、途中から連邦議会の多数派を握った共和党が医療保険改革を中心としたリベラル政策に強硬に反発し、共和党と民主党の対立が激化した。政府閉鎖（shutdown）もこの頃から長期化するようになり、オバマ政権では最大一六日、トランプ政権では最大三五日一部の政府機関が閉鎖された。

とはいえ、制度的には、党派的分断は当初から十分予期されたことである。大統領制をとるアメリカでは、大統領が連邦議会のいずれかの院または両院において多数派を形成できない場合が当然生じうるわけであり、その場合は分割政府（divided government）の状況になる。(6) また、連邦議会において上院と下院で多数派政党が異なると法案成立の割合が低下する。(7) だが、それは憲法が予定していたものであり、むしろ権力分立の観点からすれば権力集中を防ぐために望ましいものであった。しかし、それは現在のような政党間の抜き差しならない対立状況を想定していたわけではなく、政党間で対立した場合には政治的妥協によって解決されることが期待されていた。そもそも、共和党と民主党が現在のような党派的イデオロギーに傾倒するようになるのは一九七〇年代になってからのことである。(8)

アメリカの憲法学はかかる状況を政治的分断というよりも統治システムの機能不全（dysfunction）と位置付ける傾向にある。たとえば、バルキンは、現状を古い憲法秩序から新しい憲法秩序へと移る過渡期として捉えた上で、両党派の対立が深まる中で古い体制の擁護派が新しい体制への移行に反対していることから移行が困難となり、統治システムの機能不全が起きているという。

バルキンは機能不全の例として党派的分断をもたらす選挙制度、政治の腐敗、非効率的な政治制度、多数決制度の不徹底など諸々の要因を挙げ、民主的代表制が機能していないと指弾する。(10) すなわち、今の政治は民主的意思に反応せず、公共善を追求していないがゆえに、民主政が崩壊しているというのである。かかる状況に対し、バルキンは憲法構築による解決を説き、共著者のレビンソンは憲法修正による解決を説いている。

このように、政治的分断は、それ自体は政治状況を指すものであるが、憲法の理念や制度、そして解決策などの点において憲法と密接に関わる。そこで本稿では、憲法の観点から政治的分断を考察する。とりわけ、そこではリスクを分析視角として用いながら憲法的考察を行う予定である。リスクの観点から考察すると、政治的分断は、政府と国民の間に溝を作ることから政府信頼を損なうリスク、政府閉鎖が効果的な政府を阻害するリスク、党派的偏向が民主的応答や公共善追求の欠如をもたらすリスクなどが存在することがわかる。

本稿では、まずアメリカの民主主義像を概観し、政治的分断がどのように生じたのかについて状況と制度の両面から分析し、政治部門による対応が機能していない現状を踏まえて司法の役割を検討する。

一　アメリカの民主主義のイメージ

まずは、アメリカの民主主義像を考えてみる。憲法との関連でいえば、前文の「我ら合衆国人民は」(we the people) が示しているように、民主的自己統治がその核になっている。かかる特徴は、アメリカを外から見た者の心を強烈に惹きつけた。かつて一九世紀前半のアメリカの状況を観察したトクヴィルは、「……人民がアメリカの政治を支配している。人民こそ万物の原因であり、目的である。すべてはこれに発し、すべてはこれに帰する」(11)と評し、二〇世紀中盤にアメリカを訪れたサルトルは、「われわれにとっては、個人主義は、『社会にたいする、また特に国家にたいする個人の闘争』という昔ながらの古典的形態を保っている。アメリカではこんなのは問題にならない。……それは彼等の国家であり、彼等の国民の表現である。彼等は国家にたいして深い尊敬と、所有者の愛情とをいだいている。」(12)と語り、民主的自己統治が実践されている様子をつまびらかにしている。

他面、アメリカの民主主義は自由や平等といった諸価値を伴って語られることが少なくない。それには建国期の経験が大きな影響を与えている。君主制を打ち破って人民自らの手で国家を創造し、圧政と階級から個人を解放したという強烈な経験はアメリカ人が今もなお誇りにするサクセスストーリーであるがゆえに、民主主義は自由および平等とセットで語られることが少なくない。実際、トクヴィルはこうも語っている。すなわち、「人々は誰もがまったく平等であるがゆえに完全に自由であり、また、まったく自由であるがゆえに誰もが完全に平等であろう。民主的諸国民が目指すのはまさにこの理想である」(13)と。このことは、アメリカでは自由と平等という基本的価値に対する国民的同意が存在していたことを示しているともいわれる(14)。

だからこそ、アメリカはしばしば自由と民主主義をセットで語り、それを普遍的価値として推し進めようと試みることがあるが、時に大統領はそれを国民に対して語ることがある。国家的危機に直面するときである。これまでにアメリカが体験した最大の危機は――少なくとも分裂的危機という点においては――やはり南北戦争である。このとき、リンカーン大統領が「人民の、人民による、人民のための政府」を演説したことは有名であり、民主的自己統治を前面に出しながら、国民の統合を呼び掛けた。

つまり、アメリカの民主主義は常時共通の価値を育成し、危機において国民統合をはかる機能を果たしてきた側面があったといえる。こうして民主主義は多様な価値観を持つ人々や州をまとめながら単一国家として維持するのに寄与してきたのである。

二　政治的分断

このような統合または連帯的機能を果たしてきたはずの民主主義であるが、昨今では政治的分断によって分裂に向かっており、民主主義が揺らいでいる感がある。それではなぜかかる事態に陥っているのだろうか。実は、トクヴィルやサルトルが見た時代よりも後の制度や状況を考察すると、当時にはなかった制度や状況が今日の政治的分断を生じさせていることがわかる。

アメリカで党派的分断が始まったのは一九七〇年代以降のことである。[15] もちろん、それまでにも党派的対立はあったが、それは現在のように共和党と民主党がそれぞれ確固たるイデオロギーを抱え、それに基づいて分かれるという状況にはなかった。むしろ両党にはイデオロギー的に重なる部分もあり、たとえば共和党は北部のリベラル的価値にコミットすることが多かったといえる。共和党が保守的価値、民主党がリベラル的価値、という党派的相違が明確になったのは一九七〇年代の頃からであり、支持者もそれに呼応する感じで分かれていった。

かかる対立を生じさせる契機となった一つが一九六四年市民権法と一九六五年投票権法であった。市民権運動の成果として差別解消を制度化したこれらの法律は時に準憲法の地位をもあてがわれるほど重要な存在となっている。他面、それを主導的に推し進めた民主党と、全面的には賛同しなかった共和党および南部の州権民主党とのイデオロギー的対立が決定的となっていった。その結果、支持層や支持地域が明確な形で分かれるようになり、それは選挙地盤にも少しずつ影響していくことになった。

もっとも、現在のようなレッドステート（南部や中西部）とブルーステート（北東部や西部）に分かれるようになったのは一九九〇年代になってからのことである。つまり、クリントン政権の頃から党派的イデオロギーが地域に定着し、それが選挙結果に鮮明に表れるようになったのである。中絶や宗教などのような道徳・信仰をめぐる問題は地域的文化を反映することが多く、しかも妥協が難しい問題であることから、ますます対立が増していった。

また一九八〇年代のレーガン政権あたりから、小さな政府を標榜する共和党と大きな政府を支持する民主党の違いが明らかになり、中絶、宗教、環境などをめぐる政策においても両者の違いがはっきりと出始めた。そして分割政府が常態化したことと相まって、分断の溝が深まっていくこととなった。

さらに人口動態がそれに拍車をかけ始めた。急増するヒスパニック人口を眼前に、移民に否定的な共和党と移民に寛容な民主党のイデオロギー対立が勃発し始めたからである。[16] とりわけ、ヒスパニック系人口の増加は選挙に大きな影響を与えることから、それが不利に働く可能性のある共和党にとっては死活問題であり、オバマ政権およびトランプ政権では移民政策をめぐって両党が激しく対立した。

そして党派的分断を加速させるツールとなったのがインターネットとSNSであった。自分の興味ある情報にのみアクセスする傾向が増し、また考えを共有するものとだけつながるようになった結果、自らの党派的信念が強化されるようになり、さらに簡単に情報発信できるようになったことで敵に対して激しい言論攻撃をしかけるようになった。オバマ政権やトランプ政権では、大統領自身が積極的にSNS等を使って情報発信し、それがさらに分裂に拍車をかけた感がある。

かかる対立は司法にも飛び火している。司法における保守派とリベラル派の対立はすでに散見されてきたところであるが、オバマ政権やトランプ政権はそれに一層拍車をかけた。いわゆる核のオプションに手をつけたからである。二〇一三年、上院のフィリバスターに悩まされ続けたオバマ政権は連邦最高裁人事等を除く下級審レベルの連邦裁判官人事について過半数でフィリバスターを打ち切れるように上院規則の改正を行った。これによって滞っていた人事が進むようになった反面、より党派色の強い人事が可能になり、司法内部における党派的対立が深まることになった。それを連邦最高裁人事にまで拡大したのがトランプ大統領であった。二〇一七年、トランプ政権は連邦最高裁人事についても過半数でフィリバスターを打ち切れるように上院規則を改正したのである。

三　司法的分断

連邦最高裁では、Roe v. Wade 判決[18]に代表されるように、すでに一九七〇年代から保守系裁判官とリベラル系裁判官の対立が激しくなっていた。そして司法人事においてもイデオロギー対立が鮮明に表れることになったのが一九八七年のボークの連邦最高裁裁判官指名のときであった。原意主義者として有名なボークは保守色が強い人物とみなされ、上院で拒否されたのである。これまでにも上院が承認しなかったことがあったが、このときは党派色に対する警戒がきわめて強く表れたケースだったといえる。

さらにレーンキストコートの後半からは保守とリベラルが明確に分かれ、僅差で決着がつくことが多くなり、その傾向はロバーツコートにおいて一層顕著になった。ロバーツコートでは保守とリベラルが四対四で分かれ、中道よりのケネディ裁判官がどちらかにつくことでぎりぎりのバランスが保たれていたが、そうであるがゆえに、判決の評価は法理よりも保守的かリベラル的かが主な軸となった。

もっとも、トランプ政権が新たに連邦最高裁人事についても核のオプションを使ったため、連邦最高裁は保守色が濃くなった。二〇一七年にはスカリア裁判官（保守）の後にゴーサッチ（保守）、二〇一八年にケネディ裁判官（中道）の後にキャバノー（保守）、二〇二〇年にギンズバーグ裁判官（リベラル）の後にバレット（保守）が任命され、二〇二一年の時点では九人中六人が保守系となっている。

しかし、それによって連邦最高裁の判断がすべて保守的になっているわけではない。というのも、過度のイデオロギー的偏向は政治介入を招くリスクがあるからである。かつて、ニューディール政策を実現させるためにF・D・ルーズベルト政権が連邦最高裁裁判官の人数の変更を試みようとしたコートパッキングプランはあまりにも有名である。さらに時代を遡れば、人数変更による政策実現が行われた例もある。南北戦争後にグリーンバックを合憲とするために連邦最高裁裁判官の数が変更され、合憲派が多数となってグリーンバックが合憲になったという事例があるのである[19]。実際、バイデン大統領（民主党）は二〇二一年四月九日に連邦最高裁改革委員会を設けており[20]、そのゆくえが注目される。

とりわけ、司法のバランス維持を重視するロバーツ長官は世論を二分するような大きな問題につき、時にリベラル側につくことでその均衡を保とうとする傾向にある。その卑近な例として、オバマケアの合憲性が争われたNational Federation of Independent Business v. Sebelius判決[21]が挙げられる。ロバーツ長官はリベラル側につき、その大部分を合憲としたのである。

四　司法のリスクコントロールと潜在的機能

また、ロバーツコートは、法理や解釈手法などを軸に判断することで党派的イデオロギーから距離をとり、また党派性が密接に絡む事件を回避することで政治部門が司法に介入するリスクを減らそうと努めているように思われる。

もともと、政治部門は選挙ごとに変わる可能性があることから短期的視点から判断する傾向にあるのに対し、司法は終身制であることから長期的視点で判断する傾向にある。司法のそうした傾向は法的安定性につながるものであり、実際の判断においても先例拘束の法理や原意主義の解釈手法などによって実践されている。このような純法的なスタンスを維持することで、司法の党派的分断に歯止めをかけ、政治的分断の影響を最小限にとどめる効果があるように思われる(22)。

先例拘束についてはは中絶関連のケースにおけるロバーツ長官の動向にそれを窺うことができる。ロバーツ長官は中絶クリニックの医師に周辺病院への入院権限取得義務を課す中絶規制を違憲としたWhole Woman's Health v. Hellerstedt 判決(23)において反対意見を書いていたが、June Medical Services L.L.C. v. Russo 判決(24)では先例拘束を重視するとして違憲の側に回り、ロバーツ長官の票が決め手となって違憲となった。先例拘束が普遍的に裁判官を拘束するものである以上、ロバーツ長官はこれを重視することで多くの裁判官を巻き込み、過度に保守に偏向するのを抑え、特にリベラル派を刺激するであろうRoe 判決の変更を防ごうとしているように思われる。

原意主義については、それが過去志向の発想であることから保守的思考に親和的であるものの、純理論的な観点から解釈手法としてみた場合にはそこまで党派色の濃いものではない。実際の解釈手法は論者によって差があり、近時ではボークの頃と違ってリベラル派の支持する生ける憲法との接合も試みられている。トランプ大統領が任命したゴーサッチ、キャバノー、バレットの三人は原意主義に親和的であると考えられているが、とりわけゴーサッチ裁判官はリベラル側に回りながら原意主義的観点から法廷意見を執筆することがある。陪審員の評決において全員一致を要件としなかった州法を違憲としたRamos v. Louisiana 判決(25)、同性愛者に対する差別は市民権法第七編の雇用差別禁止の対象になるとした Bostock v. Clayton County 判決[26]では、いずれもゴーサッチ裁判官の原意主義的手法によってリベラル派に親和的な判断が下されている。これらの解釈方法が真の原意主義といえるかどうかについては議論の余地があるものの、これらのケースは解釈手法という法的な部分を軸とすることで党派に縛られない判断を可能にしているように思われる。

また、党派性が密接に絡む党派的ゲリマンダリングの事件につき、その判断を回避することで政治との距離をとっている側面を垣間見ることができる。アメリカでは、レーンキストコート後期からロバーツコートにかけて、ほとんど政治問題の法理を用いていない。ところが、党派的ゲリマンダリングだけはその例外となっている。Vieth v. Jubelirer 判決[27]や Rucho v. Common Cause 判決[28]は党派的ゲリマンダリングの事件につき、政治問題の法理を適用してその判断を回避した。

また、選挙に密接に影響する国勢調査が問題となった事件では、国勢調査の質問事項に市民権の有無を加えたことの違法性が問われた Department of Commerce v. New York 判決[29]が違法判断を下したものの、国勢調査から不法移民の数を差し引く案を提示したことの違法性が問われた Trump v. New York 判決[30]では案の段階では成熟性に欠けるなどとして訴えをしりぞけた。こうした判断は、事件が成熟していなければ判断に踏み込まないという態度を示すと同時に、明らかに分断を助長する行為については違法判断を下したということもできよう。

このように、司法は司法内部の党派的分断の回避と政治問題への介入の回避を行うことで、司法的分裂のリスクと政治的介入のリスクを低下させているといえる。他面、政治資金規正関連の訴訟では、Citizens United v. FEC 判決[31]に代表されるように保守派に有利な判断を行っていると指摘される。たしかに、同判決は法人の政治資金拠出規制を違憲とし、政治資金をネガティブキャンペーンに回すことを認めたことから、企業からの献金を資金源とする保守派に有利な判決であり、また分断を助長するような判断のようにみえる。しかし、企業からの献金は共和党に限られるわけではなく、ＩＴ関係の大企業はむしろ民主党を支持する傾向にある。また判決は情報の透明性がはかられていれば競争促進になることに言及していることから、競争促進による政治的分裂の打開を促す側面もあるようにもみえる。同じくShelby County v. Holder判決[32]についても、適用法域指定方式の廃止を保守的とみることもできれば、一九六五年投票権法以来形成されてきた選挙制度のあり方に変化をもたらすものとみることもできるかもしれない。

後序

党派的イデオロギーに基づく政治的分断は、もともと民主主義に内在するリスクである。理想をいうのであれば、対立ばかりではなく、理性的な熟議を経た上で、妥協と調整が機能する政治が望ましいということになろうが[33]、それを提示するだけでは政治的分断は解決しない。時間や議論を重ねれば対立を回避できるわけではなく、場合によっては激しさを増すこともありうる。もっとも、政治的分断が行き過ぎると法律の制定が困難になったり、政府閉鎖が起きたり、また全体の利益の観点から政策を決めにくくなる弊害が生じるおそれがあることから、政府の機能性に支障が生じる側面がある。

そのため、様々な処方箋が提案されているが、本稿ではそうした中で司法はどうあるべきかという観点から考察した。政治的分断の余波は司法にも及び、司法もまた党派的イデオロギーによって分断されているともいわれるが、しかし、ロバーツコートのアプローチは政治的分断の波に飲み込まれないように法の世界を堅持しているように思われる。とりわけ、先例拘束や原意主義へのコミットメントは法の支配を維持しようとする試みといえる側面があり、時に憲法判断を回避することで政治への関与を避けているといえる。選挙関連訴訟や表現の自由に関する判決ではしばしば富裕層やビジネスよりの判断傾向にあるとも指摘されるが、他方で、政治競争の促進や多様な表現を促進する側面がある。とりわけ、表現の自由は民主政にとって不可欠であり、政治的分断を理由に規制強化を認めることはむしろ民主主義の放棄につながりかねない。かつてマディソンは派閥を理由に民主主義を非難する者たちに対し、最も危険なことは民主主義を放棄することだと語ったことからすれば[34]、仮に民主主義の欠陥が散見された場合にも、なおそれを維持し続けることが肝要である。

（1）Lindsey Phipps, *A Divided Nation: Political Polarization and Dispute Resolution*, 17 PEPP. DISP. RESOL. L.J. 111 (2017).

（2）前嶋和弘「アメリカ社会における社会的分断と連帯―メディアと政治的分極化」学術の動向八四頁（二〇一七年）など。

（3）たとえば、毎日新聞「米国の選択――二〇二〇年大統領選　分断トランプ流に審判」毎日新聞東京朝刊二〇二〇年一一月一日五頁では、「社会の分断を生んだ『トランプ流』の政治」と評されている。

（4）Lauren Jackson, *The Sounds of a Divided Nation*, N.Y. TIMES, Nov. 16, 2020, A2.

（5）西川賢「ポピュリズムによるアメリカ政治の分断――トランプ現象と『不自由な民主主義』」国際問題六五三号一二六頁（二〇一六年）。

（6）従来から分割政府の状況は散見されたが、戦後は統合政府と分割政府の割合が同程度になっており、分割政府の状態が増えている。

（7）オバマ政権以降、法案成立件数が少なくなっている。松井新介「『ねじれ』状況下の米国連邦議会」立法と調査三五八号七五頁（二〇一四年）。
（8）岡山裕『アメリカの政党政治――建国から二五〇年の軌跡』一六〇－一七八頁（中央公論新社、二〇二〇年）。
（9）Jack M. Balkin, *Closing Keynote Address the Last Days of Disco: Why the American Political System Is Dysfunctional*, 94 B.U.L. Rev. 1159 (2014).
（10）Sanford Levinson and Jack M. Balkin, Democracy and Dysfunction 15–23（2019）.
（11）トクヴィル（松本礼二訳）『アメリカのデモクラシー』〔第一巻（上）〕九三頁（岩波書店、二〇〇五年）。
（12）サルトル（渡辺一夫ほか訳）『アメリカ論』一五頁（人文書院、一九五三年）〔佐藤朔訳〕。
（13）トクヴィル（松本礼二訳）『アメリカのデモクラシー』〔第二巻（上）〕一六八頁（岩波書店、二〇〇八年）。
（14）愛甲雄一「『アメリカのデモクラシー』の読まれ方に見るアメリカ―ひとつのアメリカ社会像―」アジア太平洋研究三八号六三頁（二〇一三年）。
（15）岡山・前掲注（八）一六〇頁。「ニューディールから二〇世紀半ばまでは、二大政党のいずれにも保守派からリベラルまでが幅広く存在した。その後一九六〇年代後半から、共和党への保守派の結集と民主党からの南部の離脱が始まり、一九七〇年代から両党のイデオロギー的な違いが徐々に顕在化する。この一九七〇年代が、二大政党のイデオロギー的な分極化の始まりとされる」。
（16）サミュエル・ハンチントン『分断されるアメリカ』四〇八―四六四頁（集英社、二〇〇四年）。ヒスパニック系の増加により、アングロ・プロテスタントとヒスパニックに二分化される状況が創出されているという。
（17）核のオプションとは過半数でフィリバスターを打ち切る手法に踏み切るかどうかのことをいう。上院では審議を遅らせる議事妨害（フィリバスター）が認められているが、五分の三（六〇票）の賛成を得てクローチャー（討議終了）の決議を行えば、フィリバスターを打ち切れることになっていた。連邦裁判官の人事は大統領が指名し、上院の承認が必要となっているが、フィリバスターにより事実上六割の賛成が必要になっていたといえる。そのため、与党が上院で過半数を得ていても六割に満たない場合には野党の賛成を得る必要があり、党派色が強くない人物が指名されることにつながっていた。

(18) Roe v. Wade, 410 U.S. 113（1973）.

(19) これについては、大林啓吾「憲法と法貨――アメリカのグリーンバックの合憲性をめぐる司法と政治の関係」林康史編『貨幣と通貨の法文化』二五三頁（二〇一六年）参照。

(20) Executive Order on the Establishment of the Presidential Commission on the Supreme Court of the United States, 86 F. R. 19569.

(21) National Federation of Independent Business v. Sebelius, 567 U.S. 519（2012）.

(22) Aziz Z. Huq, *Judicial Independence and the Rationing of Constitutional Remedies,* 65 DUKE L.J. 1（2015）. なお、司法が独立性を維持して法理を形成することが憲法的救済においても寄与する側面があるとの指摘がある。

(23) Whole Woman's Health v. Hellerstedt, 136 S. Ct. 2292（2016）.

(24) June Medical Services L.L.C. v. Russo, 140 S.Ct. 2103（2020）.

(25) Ramos v. Louisiana, 140 S. Ct. 1390（2020）.

(26) Bostock v. Clayton County, 140 S. Ct. 1731（2020）.

(27) Vieth v. Jubelirer, 541 U.S. 267（2004）.

(28) Rucho v. Common Cause, 139 S. Ct. 2484（2019）. なお、共和党に有利な選挙区が問題になったケースと民主党に有利な選挙区が問題になったケースの併合審理となっている。

(29) Department of Commerce v. New York, 139 S. Ct. 2551（2019）.

(30) Trump v. New York, 208 L. Ed. 2d 365（2020）.

(31) Citizens United v. Federal Election Commission, 558 U.S. 310（2010）.

(32) Shelby County v. Holder, 570 U.S. 529（2013）.

(33) Jeremy Waldron, *The Core of the Case Against Judicial Review,* 115 YALE L.J. 1346（2006）.

(34) A・ハミルトン／J・ジェイ／J・マディソン（齋藤眞・中野勝郎編訳）『ザ・フェデラリスト』第一〇編五二頁（岩波書店、一九九八年）［マディソン］。

アメリカ連邦議会による安全保障の立憲的統制
――「安全保障国家」への対応とその課題――

望月穂貴
（早稲田大学）

はじめに

本稿は、アメリカ合衆国における安全保障の統制について検討する。合衆国憲法は、軍の統制を意識的に試みた最も初期の憲法の一つである。一方、アメリカは第二次大戦以降、強大な常備軍を有するに至り、また三で検討するように、軍以外の主体による軍事活動も多数行うに至っている。「安全保障国家」の軍事的展開は、帝政的大統領と言われるように、執行権の独走をもたらしがちである。[1] 一方でこうした事態が進展しつつ、他方では、連邦議会が自らの憲法上の権限を明確化し、安全保障問題を大統領単独に任せないという意思を示し、議会の対抗力によって憲法の想定する抑制と均衡を働かせようとしてきた。もちろん、四で指摘するように、議会の統制は政治状況がもたらす困難をそのまま統制力に反映する。しかし、司法的統制にかかりにくい分野について、議会統制という方法を開拓する意義は大きい。

一　合衆国憲法と戦争権限

（一）憲法規定

合衆国憲法は、対外的軍事力行使の権限を連邦議会と大統領に分散させている。すなわち、憲法第一篇第八節において、連邦議会は「戦争を宣言」し、「捕獲特許状を付与」し、また陸海軍の編制維持の権限を有する。他方、憲法第二篇第二節第一項によれば、大統領は「合衆国陸海軍および召集されて現に合衆国の軍務に服している各州の民兵」の最高司令官である。軍の編制と「戦争宣言」が議会の役割とされ、大統領に指揮権を持たせて文民統制を具体化するという構想が理解できる。しかし、権限分配の詳細は条文から明らかではなく、軍を敵対状態に投入する権限をめぐって、条文自体が「大統領と議会の闘争を誘発する」と言われているほどである(2)。学説は、議会がすべての軍の投入を授権すべきとする議会優位説と、正式な宣戦布告以外は大統領のみの決定で足りるとする大統領優位説に分かれ、現実政治とリンクした鋭い対立がある。

（二）判例法理

連邦最高裁の判例法理も、戦争権限について決定的な準則を供給しているわけではない。大統領優位説からよく引かれるのは、合衆国対カーチス・ライト社判決である(3)。大統領による武器禁輸措置に反してカーチス・ライト社が起訴されたこの事案で、連邦最高裁は、大統領が外政問題の「単独機関」であると位置づけ、連邦議会がかかる問題への関与をなすことを否定する文言を書き連ねた。しかし、実際には連邦議会は、判決以降も中立法によってフランクリン・ローズヴェルト政権を制約し続けた。

他方、議会優位説から引かれるのは、朝鮮戦争中にストを起こした鉄鋼所を大統領令によって接収したことが問題になった鉄鋼所接収事件判決に附されたジャクソン判事の著名な同意意見である。ジャクソン判事は、権力分立について機能的アプローチをとり、大統領が議会の意思に反して行動できるのは、憲法上固有の権限の範囲に限定されるとし、先のカーチス・ライト社判決の大部分は傍論であり、そもそも議会授権があったからこそ大統領の措置が行われたケースであったことを指摘した。連邦最高裁が、大統領は連邦議会を無視してはならないことを強調したことの意義は極めて重大なものだと言わなければならない。しかし、ジャクソン判事は同時に連邦議会が権限付与も否認も行わない場合、大統領は独立して行動することが可能になりうることを示唆している。しかも、機能的アプローチをとったことの帰結として、分配の実質論にはほとんど手をつけていない。

㈢「憲法秩序」の検討

連邦最高裁が権限分配の実質論に着手しない以上、裁判所の判例法理によって規律されない領域、スティーヴン・グリフィンのいう「法的憲法」にならない領域が発生せざるを得ない。すなわち、憲法秩序全体を観察したとき、連邦最高裁が主導せず、もっぱら政治部門の行動によって憲法秩序が形作られる分野がある。(5) 戦争権限はその一つである。こうした分野においては、政治部門の行動や制度的配置を見極め、それらの効果を検討し、もって憲法秩序の状況を分析し、評価することができるであろう。

大統領が専断的に軍を投入しているのであれば、それを可能としている制度的な基盤が存在するのである。(6) 本稿では、冷戦下において安全保障のイニシアティブを大幅に大統領へと傾けたトルーマン政権の「安全保障国家」体制について検討したい。そもそも二つの大戦以前には、合衆国には常備軍が不在であり、軍を投入する前に、連邦議会にそれを作ってもらう必要があったことをまず想起する必要がある。さらに、連邦議会は、先に言及した中立法によって強力に政権の外交政策を抑制していた。こうした状況を変化させるのが一九四七年の国家安全保障法[7]に始まる、「安全保障国家」の整備である。

二　安全保障国家と戦争権限法

(一)　安全保障国家の整備

一九四七年国家安全保障法は、空軍を編制し、統合参謀本部を設立し、国防総省(当初は全国軍政省)を設立するなど、効率的な軍の統率を目的とした法律である。

中でも重要なのは、国家安全保障会議(NSC)である。NSCは、大統領、副大統領、国防長官、国務長官らの構成員と、統合参謀本部議長、安全保障問題担当大統領補佐官、中央情報長官(現在は国家情報長官)らのアドバイザーからなる政策調整・助言機関である。ただ、その役割は調整と助言に尽きるものではない。個々の大統領によって差異はあれど、専門スタッフを抱えたNSCは、省庁の利害関係から解放された大統領の意思決定プロセスを確保する役割を持ったことに着目しなければならない[8]。また、NSCの意思決定は立法府の監視も届きにくい。NSCスタッフの長となる安全保障問題担当大統領補佐官は、議会承認を受けないポストである。トップダウンで安全保障政策を形成しやすい仕組みが生まれ[9]、省庁が検討し、議会が干渉するという政策形成過程が、NSCが決定し、議会が追認するという過程へと変容を被った。

このような憲法秩序の変化こそが、議会の宣戦布告を得ずに朝鮮戦争に軍を投入せしめた根本要因となっている[10]。選抜徴兵法によって常備軍を整備したことと相まって、執行権は、主導権を握るに足る政策形成能力を手にしたわけである。

（二）一九七三年戦争権限法

ベトナム戦争は上記のような安全保障国家を根本的に動揺させた。連邦議会が執行権の政策形成を見過ごし、敬譲することの問題性は、トンキン湾事件への対処として大統領に全権を委任したに等しいトンキン湾決議[11]に集中的に表現されている。トンキン湾事件の真相が暴露されたのち、トンキン湾決議は廃止された。それのみならず、連邦議会は根本的に、しっかりと戦争権限に関与するプロセスを作らなければならないというコンセンサスを共有するに至り、一九七三年戦争権限法をニクソン大統領の拒否権を覆して成立させた[12]。

戦争権限法は、敵対状態への軍の投入にあたって議会と大統領の共同判断を確保することを目的とし、大統領が単独で軍を投入できる場合を①戦争宣言がある場合、②特別の制定法によって授権される場合、③武力攻撃によって緊急事態が生じた場合、に限定する。また、共同判断の確保のために、大統領が議会と協議することや、軍の投入を行う場合には四八時間以内に下院議長と上院仮議長に報告することを定める。さらに、「〔大統領の報告後〕連邦議会が⑴戦争宣言または……特別の制定法による授権を行う⑵法律をもって期間を延長するまたは⑶武力攻撃の結果……物理的に集会できない場合を除き、大統領は六〇日以内に軍の使用を終了するものとする」（5⒝）。そして、「上記にかかわらず、……連邦議会が両院一致決議によって指示する場合、……大統領は軍を撤退させるものとする」（5⒞）と、議会拒否権を留保している。

（三）戦争権限法の意義

戦争権限法は、特に議会拒否権条項について、大統領の最高司令官としての権限を侵害しており違憲であるとの指摘を筆頭に、様々な批判を受けた。しかし、議会と大統領の権限関係を明確化し、議会の許可なくして軍は投入できないという観念を強力に確立することになった。執行権の政策形成に詳細を委ねるのではなく、連邦議会が自ら外交・安保政策を立法化することに取り組む機運を創出したし、そのために必要な議会の立法補佐機構も強化された。(13)

戦争権限法には問題点も残る。戦争権限法は「敵対状態」という言葉を使っているが、その言葉の定義はなされていないため、執行権の独自判断の余地が発生している。(14) 連邦議会と大統領の協議プロセスも明確にされておらず、重鎮議員の個人的折衝に依存しがちな状況は変わっていない。しかも、ＩＮＳ対Chadha連邦最高裁判決によって議会拒否権は困難な状況に追い込まれている。(15) そこで、敵対状態を明確化し、協議メンバーとプロセスを明確化し、さらにChadha判決に引っかからないインフォーマルな議会拒否権を用いる等の対応を施すことが提案されている。(16)

しかし、議会優位説からは、いっそ戦争権限を廃止せよという言が出てくるほどのフラストレーションが表明されている。(17) 筆者の見るところでは、その根本原因は戦争権限法自体というよりは、連邦議会が一丸となって大統領を規制することに躊躇する傾向が生まれていることにある。これは三とまとめて改めて四で検討する。

三　安全保障国家のもう一つの側面

安全保障国家は様々な機能プロセスを経て、様々なツールを行使する。戦争権限法は合衆国軍の投入に関する規制を行ったが、安全保障国家の政策ツールは軍に限られない。合衆国では、いわゆるインテリジェンス・コミュニティ（ＩＣ）が秘密軍事活動を担っており、武力行使のもう一つのチャンネルになっている。たとえば近年のドローン戦争は、中央情報局（ＣＩＡ）が主要な担い手の一つになっている。このような活動の法的根拠と、連邦議会の統制の試みについて検討してみたい。

(一)　一九四七年国家安全保障法

中央情報局（ＣＩＡ）を設立したのも、先の国家安全保障法である。この法律には秘密軍事活動に関する規定は存在しなかったが、「ＮＳＣが随時に指示する国家安全保障に影響するインテリジェンスに関連する機能と責務を遂行すること」（§102(d)(5)）という規定を通じて、ＮＳＣの指示という形で様々な工作活動が行われることになったのである。一般条項を言い分にして執行権が行動能力を身につけていく一方で、連邦議会はこれに対応する組織的な統制能力は持たなかった。

このような活動は、しかし、早くも一九六一年のピッグス湾事件に見られるように、活動がエスカレートして全面戦争の戦端を開きうることが露呈してしまった。こうした準軍事《パラミリタリー》活動が軍事活動の多くを担うのであれば、合衆国軍の規制のみでは足りない。さらに、外国政府転覆活動や国内スパイ活動が暴露されるに至り、ＩＣを監視する必要があるという問題意識が浮上したのである。

(二)　インテリジェンスの監視

インテリジェンス活動を連邦議会が制度として監視するという最初の試みとして、一九七四年のヒューズ＝ライアン修正法が挙げられる(18)。ＣＩＡの外国活動の前提として大統領が「合衆国の国家安全保障にとって重要である」という認定が必要であるという規定を設け、初めてその外国活動を法が規定するに至った。さらに、時宜にかなう方法でＣＩＡ活動の説明を両院歳出委員会、上院外交関係委員会、下院外務委員会に報告しなければならないとし、議会への報告を要求したのである。

一九七五年には国内スパイ事件を受け上下両院に調査委員会が設置された。上院調査委員長のフランク・チャーチの名前をとってチャーチ委員会調査という。ここで初めて秘密活動の全容が徹底的に調査された。また、秘密活動は、大統領が責任を有する国家安全保障の遂行に必要なものではあるが、他方で連邦議会も外交と安全保障の責任を共有しており、執行部が単独で事を進めることは不適切であるとされ、議会自らが秘密軍事活動の憲法上の位置づけを試みた。チャーチ委員会は、最終的に、ICが議会の監視から免れたことが失敗と非効率の原因であったという認識に立ち、常時監視体制の構築に乗り出すように勧告した。[19] かくして、両院に常設のインテリジェンス特別委員会が設置されることになったのである。

一九八〇年インテリジェンス監視法[20]は、情報提供の要求をCIAのみならず全ICに拡大した。この法律では、必ず情報提供すべき委員会を両院のインテリジェンス委員会のみに限定した。さらに、例外的状況においてブリーフィング先を限定する必要がある場合は、両院インテリジェンス委員長・少数派筆頭委員、下院議長・少数派院内総務、上院多数派・少数派院内総務（通称「八人のギャング」）のみに通知対象を限って良いとしている。とはいえ、全インテリジェンス機関の監視を担当する議会のカウンターパートが誕生し、どんな場合でも、たとえ提供先を一部の重鎮議員に絞り込んででも機密情報を提供させることを明確化した意義は大きい。

（三）議会監視の意義と課題

もちろん、インテリジェンス活動はそれ自体が政治過程の公開と公正を必要とする民主主義のプロセスと緊張関係に立つ。しかし、いかなる場合でも連邦議会に情報を提供させ、安全保障マターを執行権だけに任せないという観念を確立したことの意義は大きいと言わなければならない。以後、連邦議会はICの改革に今日まで取り組み続けている。[21]

とはいえ、情報提供のタイミングは「時宜にかなう方法」に止まり、事前の通知と授権ではない。また、連邦議会独特の委員会制度および予算過程に付随する問題点も指摘されているが、他委員会との権限争いが絡み、対応策が実現するに至っていない[22]。加えて、いくら委員会に機密情報が開示されるといっても、機密指定されていることには違いなく、他議員や公衆へのアピールが難しい。「八人のギャング」ブリーフィングにしても、それが多用されすぎていることや、個々人ごとのブリーフィングになるため討議の機会が確保されないこと、執行権の要求によって委員会スタッフ出席が拒否され、メモも取れないことが困難を増幅させている。

また、議会運営をめぐる党派抗争も委員会の統制力発揮に影響をもたらしている[23]。歴代の委員会指導部は超党派的運営の努力をしてきた。関連する他委員会にも所属する委員を選定するなど、党人事にも工夫が見られる。しかし、閣僚の指名承認をめぐって決裂状態になることは少なくない。また、イラク大量破壊兵器偽情報問題をめぐっては、ブッシュ政権の意向を汲んだ共和党議員が調査開始を阻止しようとするなど、党派対立が委員会活動の効率を損なっている。加えて、党派的委員会スタッフ任用も近年増加している。これは、単に制定法によって議会に執行権に対抗する権限と能力をつけていくだけでは対処が困難であることを示唆している。

四　統制の今日的課題

戦争権限法に対する不満としてあげられていた議会のリラクタントな傾向や、インテリジェンス委員会の活動効率を損なう党派対立は、憲法秩序全体の中にどのように位置づけられるであろうか[24]。

そもそも連邦議会による執行権統制は、マディソンのいう抑制と均衡のシステムの一部である。それは、「野望には野望を」という発想に根源を持つ[25]。ところが、エリック・ポズナーとエイドリアン・ヴアーミュールによれば、そのような発想に基づく執行権統制はもはや不可能である。[26] それは、議員個人の利得と、連邦議会という組織体の利得が一致しないためであり、つまり、連邦議会は執行権への対抗心を持ちようがなくなっている。ポズナーとヴァーミュールは、制定法による執行権抑制も裁判所による抑制も退け、唯一可能な抑制方法は市民的徳による政治的抑制であるという。

マイケル・グレナンの分析によれば、事態はもう少し深刻である。連邦議会議員が必死に行動する条件、すなわち「野望」とは、端的にいえば再選である。ところが、特にインテリジェンスは「選挙とは関係ない極端的な事例」である。[27] もともと人々の関心が高いのでなければ、選挙のためにする議員の行動はもちろん、市民の政治的行動も期待しにくいであろう。

しかし、いくら現代の政治状況に由来する困難があるといっても、連邦議会による組織的な統制を放棄するのは得策ではないだろう。連邦議会以上に執行権を監視できるリソースを持っている組織は存在しない。むしろ、グリフィンのいうように、現代政党制を考慮に入れた上で抑制と均衡が働く条件を考えるべきである。[28] 望ましい方向性は、議員たちが監視への「野望」を持つような動機付けをすることであり、また、そもそも市民の問題関心を高める仕組みを考えねばならない。[29] ここでは、さしあたって執行権統制と関連する形でブルース・アッカマンが「熟議の日」を唱えていることを想起しておきたい。[30]

おわりに

前項に示したように、現代の政治状況、現代政党制が抑制と均衡の憲法秩序に困難を生じさせているとはいえ、連邦議会は執行権の単独行動を決して容認しないという姿勢をたびたび示し、憲法上の権限を行動によって明確化してきた。執行権も憲法の最高司令官条項を誇示して対抗はするが、連邦議会を無視することはできない。

日本においても、日本版NSCが設置され、特定秘密保護法や安保法制の展開といった、憲法秩序の大きな転回を迎えている。憲法九条の平和主義との関連で検討するのは当然として、政治制度の違いを考慮に入れた上で、議会の抑制力について検討する意義は少なくないと思われる。もちろん本稿では、アメリカ連邦議会の問題について考察を尽くしたわけではない。今後も現実の実践を常ににらみつつ、政治過程の憲法的方向付けとそれを誘導する制度的配置を考案していく必要がある。

（1）Arthur M. Schlesinger, The Imperial Presidency (2004; originally 1973).
（2）Erwin Chemerinsky, Constitutional Law: Principles and Policies 406 (6th ed., 2019).
（3）*United States v. Curtiss-Wright Export Corp.*, 299 U.S. 304 (1936). 詳しくは、拙稿「戦争権限における大統領単独行動主義と司法審査消極論――Curtiss-Wright 判決の持つ意義と限界」早稲田法学会誌六八巻二号（二〇一八年）三四九頁以下。
（4）*Youngstown Sheet & Tube Co. v. Sawyer*, 343 U.S. 579, 635–638 (1952) (Jackson, J., concurring).
（5）Stephen M. Griffin, Long Wars and the Constitution (2012).
（6）See generally Mariah Zeisberg, War Powers: The Politics of Constitutional Authority 15 (2013).
（7）Pub. L. 80–253 (1947).
（8）花井等・木村卓司『アメリカの国家安全保障政策――決定プロセスの政治学』（原書房、一九九三年）一三九頁。
（9）有名な封じ込め政策を提唱したのもNSC文書六八号である。
（10）See Griffin, Long Wars and the Constitution 95–98. グリフィンは、執行権集中体制では「説明責任のサイク

ル」が起動しないと評している。

（11）Pub. L. 88-408 (1964). See John Hart Ely, War and Responsibility: Constitutional Lessons of Vietnam and Its Aftermath 15-34 (1993)

（12）Pub. L. 93-148 (1973). 参考文献は拙稿・前掲注（3）三八八頁、注13。

（13）Daniel K. Inouye, *Congress and the Military*, 1 Encyclopedia of the American Military 235 (John E. Jessup & Louize B. Ketz, eds., 1994).

（14）たとえば、オバマ政権の司法省法律顧問局は、憲法の「戦争」や戦争権限法の「敵対状態」とは、「長期かつ大規模な軍事衝突で、米軍人を相当の期間にわたって重大な危険にさらすもの」と定義している。Caroline D. Krass, *Authority to Use Military Force in Libiya*, 35 Opinions of the Office of Legal Counsel 1 (2011).

（15）*INS v. Chadha*, 462 U.S. 919 (1983). 参照、田中祥貴『委任立法と議会』（日本評論社、二〇一二年）。

（16）National War Powers Commission Report (2008). なお、これまでの戦争権限法改正提案については、廣瀬淳子「アメリカ戦争権限法の改革提案」外国の立法二三九号（二〇〇九年）一八一頁以下を参照。

（17）See e.g., Louis Fisher and David Gray Adler, *The War Powers Resolution: Time to Say Goodbye*, 113 Pol. Sci. Q. 1 (1998); Michael J. Glennon, *Too Far Apart: Repeal the War Powers Resolution*, 50 U. Miami L. Rev. 17 (1995).

（18）Pub. L. 93-559 (1974).

（19）Final Report of Senate Select Committee to Study Governmental Operations with Respect to Intelligence Activities (S. Rep. 94-755, 1976).

（20）Pub. L. 96-450 (1980).

（21）James S. Van Wagenen, *A Review of Congressional Oversight: Critics and Defenders* (CIA document, 2007), available at https://www.cia.gov/library/center-for-the-study-of-intelligence/csi-publications/csi-studies/studies/97unclass/wagenen.html.

(22) 特に予算過程において歳出法案と授権法案が分かれているという問題が挙げられる。これは日本でいえば予算と法律の不一致にあたるような問題を引き起こす。See James V. Saturno & Brian T. Yeh, *Authorization of Appropriations: Procedural and Legal Issues*, CRS Report R42098 (2016).

(23) See Jennifer Kibbe, *Congressional Oversight of Intelligence: Is the Solution Part of the Problem?*, 25 Intelligence & National Security 38-42 (2010).

(24) 詳しくは別稿で論じる予定である。

(25) 斎藤眞・武則忠見訳『ザ・フェデラリスト』(福村書店、一九九一年) 二五三頁以下 [マディソン]。

(26) Eric P. Posner & Adrian Vermeule, The Executive Unbound: After the Madisonian Republic (2011).

(27) Amy Zegart & Julie Quinn, *Congressional Intelligence Oversight: The Electoral Disconnection*, 25 Intelligence & National Security 766 (2010).

(28) Griffin, Long Wars and the Constitution 255-265 (2012).

(29) See e.g., Zegart & Quinn, *supra* note 27, 766; Kibbe, *supra* note 23, 48-49.

(30) Bruce Ackerman, The Decline and Fall of the American Republic (2013).

[付記] 本稿は JSPS 科研費 19K23162 による研究成果の一部である。

非科学の「解釈変更」と学術の使命

――日本学術会議「軍事的安全保障研究に関する声明」の憲法学的考察――

小西洋之
（参議院議員）

はじめに

内閣は七・一閣議決定によって集団的自衛権行使を容認したが、そこに示されその後の国会答弁等で一貫して主張されている憲法九条適合性に係る内閣の主張の事実関係に基づく憲法理論研究の展開が必須となっている。[1] 当該主張とは、昭和四七年政府見解の中に集団的自衛権行使を許容する歴代政府の九条解釈の「基本的な論理」が存在する、すなわち、同見解の作成者である吉國一郎内閣法制局長官らによって当該論理がその作成当時に書き込まれていたとの事実に反する虚偽に基づくものであり、九条解釈変更とは法解釈ですらない非科学の不正行為である。

一方、当該集団的自衛権行使にも寄与することを目的とする防衛装備庁の「安全保障技術研究推進制度」に対する日本学術会議「軍事的安全保障研究に関する声明」は、大学等における軍事研究を解禁し、同制度の利用を許容する趣旨となっている。

本稿では、これらの事態によって、非科学の不正行為によって生み出された武力行使にその成果が活用され得る軍事研究を科学者、大学等が行うこと等に係る科学、学術、憲法問題が生じていることを示すとともに、憲法学がこれらの問題にどのように対処すべきかを論じるものである。(2)

一　内閣の武力行使の新三要件の憲法適合性の主張の事実関係

まず、二〇一四年の七・一閣議決定に明記されている九条解釈の「基本的な論理」及び武力行使の新三要件並びに集団的自衛権の発動要件を立法化した自衛隊法七六条一項二号及び八八条の存立危機事態条項（以下、「存立危機事態条項等」という。(3)）について、前記の「事実関係」を踏まえ、法の支配、立憲主義及び憲法との関係に係る法理論的分析を行う。

内閣は、七・一閣議決定において「政府の憲法解釈には論理的整合性と法的安定性が求められる」との法原理を設定し、「したがって、従来の政府見解における憲法第九条の解釈の基本的な論理の枠内で……論理的な帰結を導く必要がある」とした。そして、内閣が認識するこの「基本的な論理」を「憲法第九条はその文言からすると、……。一方、この自衛の措置は、あくまで外国の武力攻撃によって国民の生命、自由及び幸福追求の権利が根底から覆されるという急迫、不正の事態に対処し、国民のこれらの権利を守るためのやむを得ない措置として初めて容認されるものであり、そのための必要最小限度の「武力の行使」は許容される」とした上で、「これが、……基本的な論理であり、昭和四七年一〇月一四日に参議院決算委員会に対し政府から提出された資料「集団的自衛権と憲法との関係」に明確に示されている」としている。そして、武力行使の新三要件の文言を明記した上で、当該要件について「従来の政府見解の基本的な論理に基づく自衛のための措置として、憲法上許容されると考えるべきであると判断するに至った」とその憲法適合性の根拠を述べている。

つまり、七・一閣議決定「解釈変更」の合憲根拠は、昭和四七年政府見解に示されているとする「基本的な論理」に新三要件が基づく、すなわち、法的に整合するからであり、そしてそれが故に、政府解釈としての論理的整合性及び法的安定性を有するからだということであり、よって、「解釈変更」とは「従来の憲法解釈の再整理という意味で憲法解釈の一部変更でありますが、憲法の規範を変更したものではない[4]」とされ、政府はその後も一貫してこれらの趣旨を答弁している。

ここで、何故に当該「基本的な論理」に集団的自衛権行使が適合するのかについては、政府は前記の「基本的な論理」の中の「外国の武力攻撃」との文言について、「同盟国等に対する外国の武力攻撃」という意味の文言としても「そのような解釈、理解ができる[5]」ものであり、従って、この「基本的な論理」には（「我が国に対する外国の武力攻撃」の局面の）個別的自衛権行使を容認する法理のみならず、集団的自衛権行使をも容認する法理が「まさに当時から含まれている[6]」と四七年見解の作成当時から存在するとの主張を答弁している。加えて、政府は、吉國一郎長官ら四七年見解を決裁等した四名の内閣法制局の幹部について、当該「基本的な論理」であるところの「そういう考え方を当時の担当者は皆持っていた[7]」と答弁している。（これらの政府答弁は横畠裕介内閣法制局長官による）

要するに、内閣の解釈変更の合憲の主張とは、法規範としての九条の文言に法的に一切関与すらせず、つまりは、九条規範に何らかの法解釈を講じることはなく、かつて九条に基づき作られた四七年見解のみを根拠として九条適合性を主張しているものである。ここで、この九条適合性の法的正統性の有無は『四七年見解の「外国の武力攻撃」の文言が作成当時から「同盟国等に対する外国の武力攻撃」の意味としても書き込まれていたという主張が、事実であるか否か』に論理的に帰着するが、これが事実に反する虚偽であることは、①質疑者より四七年見解の作成要求がなされた昭和四七年九月一四日の参議院決算委員会での吉國長官の「九条の規定が容認しているのは、個別的自衛権の発動としての自衛行動だけだということが私どもの考え方で、これは政策論として申し上げているわけではなくて、……わが国が侵略された場合に、わが国の国民の生命、自由及び幸福追求の権利を守るためにその侵略を排除するための措置をとるというのが自衛行動だという考え方で、その結果として、集団的自衛のための行動は憲法の認めるところではないという法律論として説明をしている」等の答弁に示されている九条解釈の法理、②四七年見解の作成前後になされた他の二名の決裁者（真田秀夫次長、角田禮次郎第一部長）の答弁に示されている（①と同じ）九条解釈の法理、③角田氏の七・一閣議決定後の証言[8]、④昭和四七年九月一四日の同日に同一の質疑者より提出要求を受け、防衛庁が起案し吉國長官ら四名による起案・決裁の後に四七年見解と同日（同年一〇月一四日）に国会提出された通称「防衛庁政府見解」に示されている（①と同じ）九条解釈の法理等から物証と共に論理的・科学的に立証されると解される[9]。

以上より、七・一閣議決定において従来の政府の九条解釈の「基本的な論理」として示されたものは、九条との関係ではその法規範に対し何らかの法解釈を講じて導き出されたものではない「法解釈ですらないもの」であり、端的に言えば、四七年見解の「外国の武力攻撃」の文言の恣意的な読み替え（曲解）という非科学の不正行為によっていわば「捏造された論理」となる。よって、七・一閣議決定において「基本的な論理に基づく」とされる武力行使の新三要件も、九条との関係ではその法規範に対し何らかの法解釈を講じて導き出されたものではない「法解釈ですらないもの」であり、上記の不正行為によって「捏造された要件」となる。

以下、こうした事実認識及び法的理解を前提に、存立危機事態条項等の法の支配、立憲主義及び憲法への適合性を検証する。

二　「基本的な論理」及び新三要件の九条適合性等の法理論的分析

（一）「基本的な論理」及び新三要件（以下、「新三要件等」という。）は、①憲法規範に対し何の法解釈も講じていない法解釈ですらない曲解等の不正行為による産物であり、内閣という国家権力が最高法規の規範を潜脱した専断的行為たる「人の支配」そのものというべきものであるから明確に法の支配の原理に反するものであり[10]、更に、②こうした不正行為によって内閣が限定的な集団的自衛権行使と称する武力の発動を容認し（将来の立法及びその運用によって）自衛隊員や一般市民ら国民を死傷させることは、国家権力を制限して国民の権利・自由を守ることを目的とする立憲的意味の憲法[11]の規範を「人の支配」によって潜脱するものであり、明確に立憲主義の原理に反するものである。従って、新三要件等は、憲法適合性以前の問題として、日本国憲法が立脚する法の支配及び立憲主義の原理に根本的に違反し、法令解釈としてすら存在することが許されないものである。

（二）ここで、両原理と結合する民主主義[12]の原理に係る憲法の明文規定の関係から新三要件等の憲法適合性を検討すると、新三要件等は法解釈ですらない不正行為による捏造であって、主権者たる国民を欺くものである以上、国民の代表者として主権者たる国民に対しその正統性を主張することはできないものであり、前文において「日本国民は、……ここに主権が国民に存することを宣言し、この憲法を確定する。そもそも国政は、……その権力は国民の代表者がこれを行使し、その福利は国民がこれを享受する。これは人類普遍の原理であり、」と定める国民主権及び間接民主制が機能するための基礎に重大かつ明白な瑕疵があるものであって、続く「われらは、これに反する一切の憲法……を排除する」との規定により、新三要件等は当然に違憲無効と解釈されるべきものと解される。また、これらの前文規定及び憲法の条規に反する「国務に関する行為」を無効とする九八条からも新三要件等は違憲無効と解される。

(三)続いて、新三要件等と九条との適合性を検討すると、まず、新三要件等は[13]、七・一閣議決定に「政府の憲法解釈には論理的整合性と法的安定性が求められる」と設定した法原理に反するため、そもそも政府の憲法解釈たり得ず、政府解釈として存在することができない[14]。更に、この場合において、政府は、「九条はその文言からすると、国際関係における武力の行使を一切禁じているように見える」との歴代政府の九条文理解釈を七・一閣議決定を含めて維持している一方で、この一切禁止規範を乗り越える例外的な武力行使を許容するための法的説明(論理解釈)を有していないことから、新三要件等は、内閣の公権的解釈の枠内においても九条に反し違憲無効と法理論的に評価できるものと解される[15]。

(四)以上、(一)及び(二)より新三要件等は、裁判所はもとより何人でも法理論的にその違憲性を認定できるものであり(「当然の違憲無効」)、かつ、(三)も含めて内閣はこれらについて憲法解釈としての法的正統性及び憲法適合性を主張し得る立場にないこととなる。

三　存立危機事態条項の九条適合性等の法理論的分析

(一)新三要件と存立危機事態条項の関係については、内閣は新三要件の趣旨を一切変えることなく一言一句引き写すことにより存立危機事態条項を規定したと答弁している[16]。そして、内閣は国会での法案審議において当該条項の憲法適合性について、四七年見解の「基本的な論理」に基づく新三要件を過不足なく規定したものであるから九条に適合するとの旨の条文解釈を一貫して述べている[17]。

（二）また、この存立危機事態条項に係る立法府における憲法適合性に係る条文解釈については、法案の衆参本会議採決の際の与党会派による賛成討論において上記（一）の政府の条文解釈と同一の見解が繰り返し述べられている。(18)

（三）従って、国会で議決された存立危機事態条項は、①法解釈ですらない不正行為によって捏造された要件をそのまま条文化しそれに虚偽の憲法適合性の説明を条文解釈として付与したものであり、まさに内閣及び国会という国家権力が最高法規の規範を虚偽による不正行為を積み重ねることにより潜脱した「人の支配」そのものというべきものであるから明確に法の支配の原理に反し、更に、②こうした法としての正統性を欠いたもの（その実質的意味はもとより、形式的意味すら認め難いとも解される「法律」なるもの）を根拠に内閣及び国会が新たな武力を発動し国民を死傷させることは、憲法規範を「人の支配」によって潜脱するものであり、明確に立憲主義の原理に反するものである。

よって、存立危機事態条項は、憲法適合性以前の問題として、憲法が立脚する両原理に根本的に反するものとして法規範として存在することは認められないものと考えられる。すなわち、存立危機事態条項は、憲法が両原理に立脚する以上は、その適格性という観点から、憲法七二条「議案」、四一条「立法」、五九条「法律案」及び「法律」、八一条「法律」、九八条「法律」の実質を有しないのであって、実質的な意味においてこれらに当たるとは認めようがないものである。

（四）次に、前記「一（二）」の考察と同様に民主主義の原理に係る憲法の明文規定の関係から存立危機事態条項の憲法適合性を検討すると、存立危機事態条項は前文に定める国民主権及び間接民主制が機能する基礎に重大かつ明白な瑕疵を抱えて生み出されたものであり（要するに、国会多数派が最高法規に法令解釈を講じることもなく、法解釈ですらない不正行為により最高法規の規範を潜脱し虚偽で主権者国民を欺いて作り出したものである)、「われらは、これに反する一切の憲法……を排除する」等との規定により、当然に違憲無効と解釈されるべきものと解される。また、これらの前文規定及び憲法の条規に反する「法律」を無効とする九八条からも存立危機事能条項は違憲無効と解される。

(五) 続いて、存立危機事態条項の九条との適合性を検討すると、存立危機事態条項は、①国会として(七・一閣議決定を含め)前記の一切禁止規範との政府の九条文理解釈を議院内閣制の下の監督を通じ確認し続けていること、②衆議院では集団的自衛権行使は九条違反という憲法解釈を具体化した法律に優位する条規である日米安保条約三条の議決が存在し[19]、③参議院では九条の下の自衛権行使を「自衛とは、我が国が不当に侵略された場合に行う正当防衛行為であつて、それは我が国土を守るという具体的な場合に限るべきものであります。……九条の存する限り、この制限は破つてはならないのでありま す。[20]」等と明確に限定した本会議決議(「自衛隊の海外出動を為さざることに関する決議」)が存在すること等から、国会の公権的解釈の枠内においても、九条に反し違憲無効と法理論的に評価できるものと解される。(②からは条約違反の「法律」として無効(九八条二頁)でもある)

(六) 以上、(三)及び(四)より存立危機事態条項は、裁判所はもとより何人でも法理論的にその違憲性を認定できるものであり(「当然の違憲無効」)、かつ、(五)も含めて国会はその法規範としての法的正統性及び憲法適合性を主張し得る立場にないこととなる。(いわゆる法律に係る「合憲性の推定」は当然認められず、いわゆる法規範に係る裁判所の合憲限定解釈は法的に不能と解される)

(七) なお、限定的な集団的自衛権行使は「他国の防衛を目的とするものではなく、あくまでも我が国を防衛するための…武力行使」(平成二七年五月二七日、七月三日 横畠内閣法制局長官答弁)とされているが、これは国際法違反の「先制攻撃」の実体にあり[21]、存立危機事態条項等は九八条二項及び前文法理「自国のことのみに専念して他国を無視してはならない」にも反し、違憲無効と解される。

四　日本学術会議による大学等における軍事研究の容認等

二〇一七年三月二四日の日本学術会議「軍事的安全保障研究に関する声明」（以下、「二〇一七声明」という。）は、同会議「安全保障と学術に関する検討委員会」での杉田敦委員長の趣旨説明「防衛装備庁だから一切受けるなというふうにここは言っておりません。」（議事録二八頁）等にあるように、大学等に同庁の安全保障技術研究推進制度の利用を容認している。この軍事研究の解禁は、「戦争を目的とする科学の研究には、今後絶対に従わない」（一九五〇年声明）、「戦争を目的とする科学の研究は絶対にこれを行わない」（一九六七年声明）における「戦争」を、「戦争というのは、例えば侵略戦争であるというふうに仮に読んでしまいますと、この五〇年宣言は自衛と名が付けばオーケーだと、そういうふうに読むことは実は可能である」（一八頁等）と、両声明の文理及びその決定時の会議録の趣旨等に反して、侵略戦争の意味のみに曲解してなされている。そして、二〇一七年声明で「上記二つの声明を継承する」と明記している趣旨は、（軍事研究の禁止を継承したものではなく）過去の声明の基底にある軍事研究と学問の自由との関係に係る見解等を継承したものと説明されている（二〇頁、三三頁）。

検討委員会は「審議経過の中間とりまとめ」（同年一月二三日）の段階で、「自衛権の範囲、憲法との関係等に関し、さまざまな考え方が対立し錯綜している。こうした政治的事項について、日本学術会議として意思決定することは適切ではない」、「自衛権についてどう考えるかという問題と、大学等における軍事的安全保障研究についてどう考えるかという問題とは直結するものではなく、」との見解を示しており、これに対し、小西は、非科学の不正行為により憲法規範が改変され、また、それによる武力行使に寄与し得る軍事研究を大学等が行うことは、科学・学術・科学者・大学等の存立に関わる事項であり、「わが国の科学者の内外に対する代表機関」（日本学術会議法二条）である学術会議が法的責務に基づき対処すべきものとの見地から、憲法及び学術会議法の趣旨に基づく意見書の提出等を繰り返し実施した。[22] また、同年二月二四日には超党派議員連盟「大学の軍事研究の問題等を考える議員連盟」を設立し、議連有志により大西隆会長及び検討委員会宛ての公開質問状の提出等を行った。小西はこの間、会長及び検討委員会の複数委員に直接の説明に赴き、杉田委員長らには別途の説明等を行ったものの、検討委員会等において一切の議論がなされることなく二〇一七年声明の決定に至っている。これに対し、議連有志の連名で二〇一七年声明の反科学性・違憲性等を指摘する見解文書を送付したが、杉田委員長が「作成責任者」として二〇一七年九月二二日に最終報告された「（声明）「軍事的安全保障研究に関する声明」インパクト・レポート（改訂版）」においては、その調査対象や調査時期等について意図的としか解し得ない限定を講じること等により、この間の国会議員の取組（及びそれと連携した憲法学者（元日本学術会議連携会員）の取組）に関する記述が一切存在しない事態となっている。[23]

五　二〇一七声明等の憲法及び日本学術会議法への違反

日本学術会議が、非科学の不正行為により生み出された違憲かつ国際法違反の武力行使に荷担し得る軍事研究を容認したことは、科学及び学術を否定し、憲法に違反し、憲法が立脚する法の支配や立憲主義を否定するものである。また、これは、学術会議法の「科学が文化国家の基礎であるという確信」、「わが国の平和的復興に貢献……学術の進歩に寄与」（前文）、「科学の向上発達を図り……行政、産業及び国民生活に科学を反映浸透させる」（二条　目的）等の趣旨に反し、「科学に関する重要事項を審議し、その実現を図る」（三条　職務）及び「科学を行政に反映させる方策」等に係る勧告権行使（五条）の責務に反するものである。（なお、学術会議は同じ不正行為の「事実のねつ造」である理化学研究所におけるＳＴＡＰ細胞事件では二〇一四年に会長声明、幹事会声明等の対応を講じている）

六　防衛装備庁の軍事研究を巡る科学・学術・憲法問題

非科学の不正行為により生み出された違憲かつ国際法違反の武力行使に寄与し得る軍事研究を科学者が行うことは、憲法学等の法学という社会科学の分野での「科学及び法の否定」の科学問題に加えて、当該武力行使に寄与し得る軍事研究を法学以外の科学者が行うこと及び当該武力行使で諸国民に殺傷等が生じ得ること等の科学問題を生じており、法学者は事態を打開するための学術的取組を行う責務（科学者倫理）に直面している。実定法に係る政治学等を扱う政治学者等も同様の責務を負うと解する。

また、防衛装備庁の軍事研究を行う大学等は、上記の科学問題により、「真理の探究の精神に基づき科学研究を行う学術機関」たり得なくなり、更には、法の支配・立憲主義などの普遍原理や憲法の国民主権、議会制民主主義、平和主義、国際協調主義の諸原理との整合性を問われることとなっている。

むすびに

日本学術会議は、裁判所以外に内閣・国会の憲法解釈に拘束されない固有の憲法解釈権を有する国家機関であるが（他に会計検査院、人事院がある）、「科学及び法の否定」等の事態の打開のため、日本学術会議協力学術研究団体（学術会議会則三六条）である憲法理論研究会等の法学会は各々の学会規則に則り、専門知の提供等の責務を果たす必要があると考える。(24)加えて、個々の憲法学者等による存立危機事態条項等を巡る科学問題、憲法問題の更なる論究、「四七年見解の外国の武力攻撃の文言の曲解による論理の捏造」の科学的事実等の学生等への教授、市民社会への啓蒙が期待される。

（1）先行研究として小西による「私たちの平和憲法と解釈改憲のからくり—専守防衛の力と「安保法制」違憲の証明」（八月書館、二〇一五年）等があり、小西二〇一五の引用論文として、野坂泰司「憲法は変わったのか—憲法の解釈と憲法の変化」（岩波書店「世界」八月号、二〇一六）、藤田宙靖「自衛隊七六条一項二号の法意—いわゆる「集団的自衛権行使の限定的容認」とは何か」（自治研究九三巻六号、二〇一七年）等がある。

（2）本稿は二〇二〇年一〇月一〇日の憲法理論研究会月例研究会報告の要約であり、報告本文等は国立国会図書館オンラインのほか以下に掲載。https://konishi-hiroyuki.jp/wp-content/uploads/201010houkoku.htm

（3）日本公法学会第八三回総会（二〇一八年一〇月一三日）における小西の公募報告セッション『九条解釈変更及び自衛隊明記改憲の「法理」』参照。なお、自衛隊明記改憲が解釈変更の「虚偽」により国民を欺いて行うこととなる違憲無効の改憲となること等も論証している。注釈（2）と同箇所に掲載。

（4）衆‐予算委 平成二六年七月一四日 会議録三四頁（※以下、「会議録」の文字は略す）

（5）参‐外交防衛委 平成二七年三月二四日 二〇頁。四七年見解の曲解が初めて国会で明らかにされた質疑である。

（6）参‐外交防衛委 平成二七年六月一一日 三頁

（7）参‐平和安全法制特別委 平成二七年八月三日 九頁

（8）共同通信（二〇一六年七月一日）、東京新聞（二〇一七年九月二〇日）等、参‐外交防衛委 平成二八年一二月八日 三頁。四七年見解の決裁者として、「同盟国等に対する外国の武力攻撃」との読み替え等を否定している。

（9）小西二〇一五 第一章及び巻末「補足説明」。なお、二〇一五年安保国会では、小西が補佐した濱田邦夫 元最高裁判所判事、宮﨑礼壹 元内閣法制局長官、伊藤真 弁護士により「外国の武力攻撃の曲解等」が違憲根拠として陳述されている。なお、注釈（1）の野坂二〇一六、藤田二〇一七は小西の「曲解等」の見解を認めるものである。

（10）芦部信喜「憲法第六版」（岩波書店、二〇一五）一二、一三頁、野中俊彦・中村睦男・高橋和之・高見勝利「憲法Ⅰ第5版」（有斐閣、二〇一二）二五、二六頁
（11）芦部 五頁
（12）芦部 一四、一七頁
（13）七・一閣議決定の法的安定性と論理的整合性の意味等に関する質問に対する答弁書（平成二十九年六月二十七日）
（14）阪田雅裕「憲法九条と安保法制」（有斐閣、二〇一六）は、「法案の審議過程での質疑応答を振り返って」（四頁）としつつも、四七年見解の曲解等に関する二〇一五安保国会における多数の質疑や注釈（9）に示す元内閣法制局長官らの陳述に関する論評は一切なく、存立危機事態条項等について「昭和四七年政府見解で示されている基本的な論理と軌を一にしているといえないわけではない」（二五頁）等としている。
（15）新三要件等の違憲性は、前文の平和主義の法理の排除、立法事実の不存在、九条一項及び二項の文理との矛盾、新三要件の無限定性等からも論証可能であるが（小西二〇一五 第二章、第三章、第四章、第五章）、特に「新三要件の歯止め論」との関係では本稿の「新三要件等の法解釈としての成立論」こそ根幹である。
（16）参‐外交防衛委 平成二七年三月二四日 一二、一三頁、衆‐平和安全法制特別委 平成二七年五月二七日 二四頁。
（17）参‐平和安全法制特別委 平成二七年八月二五日 二六頁等
（18）自民党会派、公明党会派を代表した衆参各二名（計四名）の賛成討論の各々で「この新三要件は、……昭和四十七年の政府見解の基本的な論理を維持したものです。今回の法案には、……新三要件が過不足なく全て法律上に盛り込まれています。」（参‐本会議 平成二七年九月一九日 七頁）等の具体的な条文解釈を述べている（衆‐本会議平成二七年七月十六日 三、五頁。参‐本会議 四、五項）。衆院委員会討論にもある（同年七月一五日 一〇頁）。
（19）衆‐日米安全保障条約等特別委 昭和三五年三月一一日 一〇、一一頁、小西二〇一五 第三章一二三‐一二八頁参照。日米安保条約三条は九条適合のため「憲法上の規定に従うことを条件」等と特に規定された条規である。
（20）鶴見祐輔発議者趣旨説明、参‐本会議 昭和二九年六月二日 三五頁。「憲法の明文が拡張解釈されることは、誠

に危険なことであります。故にその危険を一掃する」等と趣旨説明された本決議は、七・一閣議決定前の参院本会議質疑（平成二六年五月二八日 五頁）等を始め、決議以降に三〇回以上、自衛隊の新任務付与の内閣提出法案等の憲法適合性の監督に用いられている国会先例である。

（21）小西「第五章（四）新三要件は国際法違反の先制攻撃・予防攻撃の実体がある」等参照。なお、元内閣法制局長官の宮﨑礼壹（衆－平和安全特委 平成二七年六月二二日 六頁）及び大森政輔（ジュリスト二〇一五年七月一四八二号（有斐閣）四五頁）も、限定的な集団的自衛権行使は先制攻撃であるとの見解を示している。

なお、存立危機事態条項の合憲限定解釈の余地等を認める見解として、藤田二〇一七 二二頁以下、高橋和之「立憲主義と日本国憲法 第四版」（有斐閣、二〇一七）七〇頁、木村草太「憲法問題［28］全国憲法研究会編 集団的自衛権の三国志演義」（三省堂、二〇一七）一二六頁があるが、後二者は本稿「一」の観点の論究はなく（藤田二〇一七は「外国の武力攻撃の曲解等」の事実の小西教示を踏まえた「覚え書き—集団的自衛権行使の容認を巡る違憲論議について」自治研究九二巻二号、二〇一六年）」の再論である）、かつ、三者共に本稿「二」及び「三」の観点からの論究はなされておらず、また、七・一閣議決定及び法案審議の際に立法者（内閣・国会与党）が示した武力行使の新三要件及び存立危機事態条項に係る明確な立法意思『「国連憲章五一条において個別的自衛権と集団的自衛権は相交わらない概念」との確立した国際法解釈に基づき集団的自衛権行使の一態様として限定的な集団的自衛権行使を規律する』とは根本的に相異なる見解に拠るものと解される。

（22）なお、学術会議の会員及び連携会員は特別職国家公務員であり、憲法九九条に定める憲法尊重擁護義務を負う。

（23）二〇一七年二月一二日付の検討委員会、学術会議幹事会構成員、第一部所属会員、連携会員のうち専門分野「法学又は政治学」の全員宛ての説明文書『【御進言】日本学術会議が「集団的自衛権行使の解釈変更が科学（何らかの法的な論理）に基づくものではないこと」を御審議頂くべきことの法的責務等につきまして』等々であり、主な意見書等は注釈（2）のURLに掲載。

（24）六名の科学者に対する内閣総理大臣の学術会議会員任命拒否の違法の立証に係る学術会議法七条二項の立法過程等も含めた体系的な論究については二〇二〇年一一月五日の小西質疑を参照（参－予算委 二一－三〇頁）。

第四部　公法理論の原点と現点

ルネ・カピタンと「自由な解散」論

兵田愛子
（関西大学）

はじめに

小堀眞裕によれば、日本で通説とされる「自由な解散」論は、宮沢俊義・芦部信喜がイギリスから「自由な解散」論を導入したものを、樋口陽一・高橋和之が、フランスの公法学者（カレ・ド・マルベール、ルネ・カピタン）の見解に依拠して正当化したものとされる(1)。

その通説の特徴は、以下の通りとされる(2)。

第一に、議院内閣制の本質論である。まず、「一元型議院内閣制論」である。これは、君主の役割を軽視し、内閣が一元的に行政権を有するものこそが議院内閣制とされる。次に、責任本質説（樋口）では、議会の信任を得た内閣の責任が、議院内閣制の「本質」（議会優位であることが重視され解散は重要ではない）とされる一方、均衡本質説（高橋）では、不信任権と解散権による均衡（を通じた公権力と国民との協調、民主制論）が、その「本質」とされる。

第二に、「自由な解散」論である。国民が選挙で直接内閣を選べるよう七条解散（無制約）を活用することが民主政の観点で望ましいとされ（高橋）、それを論拠として政治家が政党の利益追求のため「自由」に解散できると解するようになったとされる。

第三に、民主主義を優位に置き、権力分立を否定していることから、司法権の軽視につながる（立憲主義の軽視）ものとされる。

ここにおいては、カピタンが、いかに関与したのかについて、明らかにされていない。このカピタンの関与を明らかにするためには、まずカピタンの見解を明らかにしなければならない。そこで、本稿においては、カピタンの議院内閣制に関する基本的理解が形成された第三共和制期における諸論文を検討対象とする。具体的には、「諸・議院内閣制」（一九三三年）（以下、「論文①[3]」）、『議会主義の改革』（一九三四年）（以下、「論文②[4]」）、「フランスにおける議会主義の危機と改革」（一九三六年）（以下、「論文③[5]」）、「フランスの民主主義の諸特徴」（一九三九年二月）（以下、「論文④[6]」）、「イギリスの民主主義の諸教訓：『二大政党制』のために」（一九三九年三月）（以下、「論文⑤[7]」）である。

方法として、時系列的理解により、積み上げの意義（追加・修正）を明らかにすることで、カピタンの見解を分析し、小堀のチェックポイントに照らして、その見解の特徴を確認する。なお、本稿は、本稿筆者の博士論文と小堀の議論の関係を整理している点に意義がある。紙幅の都合により、詳しい引用については、博士論文を参照されたい[8]。

一　ルネ・カピタンの議院内閣制論

（一）「諸・議院内閣制」（一九三三年）

①主権移譲の理論

カピタンによれば、議院内閣制とは、君主から議会に主権（統治権）が移行していく過程の中で生じた統治制度であるとされる。昔は君主が統治していたため、議会は、自由の保護の担い手として、君主の統治に対するけん制の役割を果していたが、現代では、《君主が統治権力を行使しなくなったので》、《議会が統治と自由の保護を担わなければならない》。議会がこの目的を実現できなければ、反・議会主義が助長され、結果、議会は自由を保護することができないとされる。

この権力の移動（主権移譲の理論）は、単なる歴史的認識ではなく、現代憲法の目的の設定を意味している。

②議会による主権の行使方法

議会による主権の行使方法については、議会が、内閣を生み出して、内閣に統治を行わせることになる（論文②で後述）。その方法については会議制と議院内閣制がある。

会議制では、内閣が議会に従属する（内閣と議会の意見が完全に一致する）ので、議会による統治に近くなるのに対して、議院内閣制では、内閣が議会との間の意見の不一致が観念できる程度に、独立する（内閣が政策立案する）。ただし、議院内閣制においても、内閣と議会の意見の不一致があれば、内閣は辞任しなければならない。この内閣の独立と従属が、《議会による統制・政治責任》という概念で説明される。

（二）『議会主義の改革』（一九三四年）

①二大政党制と解散制度

その政治責任を実効化させるため、すなわち、一体とした内閣を生みだし、その内閣に対して統制をかけるために、安定した議会多数派が必要となり、それを生み出す「二大政党制」と「解散制度」（内閣による対議会解散）が必要となる。

二大政党制は、単記投票制（「小選挙区制のもとで相対多数をえた候補者一名だけを下院議員として選出する」選挙制度）[9]によって作り出される。

「解散制度」の機能は、多数派の維持に資することである。すなわち、投票制によって多数派を作り出し、解散の脅しによって維持させる（選挙が終わればバラバラになって不信任を連発する、ということを防ぐ）。「解散制度」のもう一つの機能は、解散選挙を見越して、世論を窺いながら、議会は不信任をし、内閣は解散権を行使することによって、世論に沿った統治が行われることにある（世論による統制として、論文③で後述）。当時、フランスの憲法では、明文上、大統領の対議会解散権が規定されていたものの、これは、死文化していた。[10]カピタンは、その状況を前提としつつ、上記目的達成のため、内閣が対議会解散権を有するべきと主張する。

これに対して、比例代表制[11]は、安定した議会多数派を形成できないので否定される（比例代表制の問題点については、論文③で後述）。

②元老院

元老院は、議会多数派による内閣を倒閣してしまうので、統治の安定性・実効性を害するおそれがあるものの、論文③、論文④で、積極的に意義付けられる。

（三）「フランスにおける議会主義の危機と改革」（一九三六年）

従前では、現代憲法の目的のひとつである議会による「統治」の実現に力点が置かれている感があるが、論文③以降は、もうひとつの目的である、「自由」、「個人主義」の保障に力点が置かれる。

①代表制のあり方（「世論による統制」・「政党」）

現代憲法の目的（主権の移譲によって議会が統治しなければならないこと）を解決する代表制が求められる。

そのために、フランスの代表民主主義（現状）＝「議会主権」が否定される。議会主権においては、第一に、議会が統治するので、議会は世論による統制を受けず、第二に、議会が統治するので、内閣に統治させず、第三に、議会が統治するので、大統領にも統治させないことが特徴となる。[12] これは、従前に提示されてきた議院内閣制のあり方と齟齬を来す。

そこで、イギリスの制度を参考に、世論による統制を重視する「半・代表民主主義」が提示される。ここにおいては、「政党」を介して、世論が議会多数派を形成し、議会多数派が内閣を生みだし、内閣に統治をさせ、内閣を統制する。これによって、世論による統制が議会・内閣に及び、内閣が統治を行うことになる。

「解散制度」は、世論による統制を支える。解散制度があることによって、議会の不信任や内閣の解散権の行使をめぐる行動が、解散選挙を見越したものとなることによって、世論に沿ったものとなり、また、解散によって議会多数派・内閣が世論に沿ったものに入れ替わる。

フランスでは、「政党」と「解散制度」が機能していないため、「半・代表民主主義」が実現されない。議員は、「政党」に所属するものの、人的な要素で投票がなされるので、政党とは関係なく行動する。解散されないので、議員の任期満了まで議員の資格が継続し、世論を無視して議論が行われることによって、議会主権が温存されてしまう。

大統領が統治しないことについては是認されるものの、大統領は諮問機関として重要な役割を担うとされる。

なお、ドイツの反省に基づき、比例代表制は、世論による統制を阻害するので、否定される。候補者名簿の上位者は、必ず再選されることから、彼らには解散の脅しがきかず、政党間の駆け引きのために解散が乱発される。名簿を作成するのは政党であるため、候補者は、世論ではなく政党に服従するようになる。このようにして、比例代表制は、政党による支配に至る。

②個人主義の擁護

「半・代表民主主義」は、個人主義の実現に資するとされる。個人主義の擁護の方法には、イギリス型とフランス型があるとされ、前者は、統治を通じて個人的自由を保護しようとするアングロサクソンの個人主義であり、後者は、一切の統治を否定することによって個人的自由を保護しようとする共和主義的個人主義である。イギリス型が、統治機構によって、統治と自由の実現を図ることに親和的であるとされる。

個人主義の擁護の担い手として、裁判所より、元老院が望ましいとされる（論文④で後述）。第一に、元老院の性質が保守派から共和派に変化したという状況があり、第二に、元老院に対する敬意から、元老院は代議院に大きな影響力を有していたためである。元老院による倒閣は、世論によって選ばれた多数派に支えられる内閣を倒閣するので、世論による統制を阻害するリスクがあるが、政策を中道に引き戻す、ブレーキの役割を果す役割が期待される。

③議院内閣制の前提条件

第一に、元老院による、個人主義の擁護である。

第二に、解散による、世論による統制の実効化である。解散は、解散選挙を見越して、内閣にも議会にも世論の顔色を窺わせる。解散権行使の条件付けとしては、イギリスを参考に、解散権を行使すべきときに、政権が望まずとも解散が強制される。

「諸内閣から、あらかじめ選挙上のキャンペーンの対象にならなかった何らかの政治問題が現れることとなる場合、また何らかの兆しが世論の変化を明らかにすることとなる場合、諸内閣は誠実に解散の試練を試みなければならないし、また、このようにして有権者に諸内閣の維持または政権における諸内閣の入れ替えを決定する機会を与えなければならない。イギリスの議会主義はこのようにして世論の統制によって支配されているのだ。(13)」

他方で、ドイツの反省に基づき、解散権行使の乱発は抑制されなければならない（政権の自己都合のために解散してはならない）、とされる。

「ドイツではここ数か月の間に連発拳銃がごとく解散を用いた。このことは、国民の選挙反応を疲弊させ、革命を準備させ得るに過ぎない。(14)」

また、政党による支配ではなく、議員の一定の自律性を介して、世論が統制をかけることができなければならない。

第三に、政治的振り子によって定期的な政権交代が生じ、穏健化のメカニズム（中道な有権者の顔色を窺って、両政党が互いの政策を取り込みあって陣取りをすることにより、政策が中道に近付く）が必要とされる。

（四）「フランスの民主主義の諸特徴」（一九三九年二月）

本文献は、第一部「精神的な改革」と、第二部「制度的な改革」とで構成されており、第一部がメインとされている。第二部に関しては、次の論文⑤によって、敷衍されることから、本文献（論文④）と次作（論文⑤）で、ワンセットとなっている。

①第一部「精神的な改革」

（ⅰ）自由主義・共和制原理――統治機構の目的として民主主義を枠付ける原理

実現すべき原理とする個人主義は、《人権宣言に着想を与える精神（「自由主義の表現」であるところの、「共和制の諸原理」）》とされる。すなわち、（ア）各人は生まれながらにして個人的な自由が保障されるべきである。（イ）しかし、放っておくと人権侵害が横行してしまう。（ウ）そこで、国家が各人の個人的自由の保障を確立するために必要な限りでの介入を行わなければならない。（エ）とはいえ、国家もまた権力濫用により人権を侵害する危険性があるので、国家の濫用からも個人的自由が保障されていないといけない。各人の個人的な自由は、各人の自由を平等に保障するために調整され得るが、その限りでしか国家は個人的自由に介入してはならない、という具体的な意味を有する。

ここにいう個人主義は、論文③の「共和主義的個人主義」のことではない（この個人主義は、統治を否定して自由を保障することを意味し、カピタンはこれを否定している）。

この個人主義が、実質的憲法とされる。その意義は、裁判規範としてではなく、元老院の行動規範とされることにある。

(ii) 元老院——個人主義の保障の担い手

元老院は、この精神に基づき、代議院が行き過ぎた場合に倒閣することで、共和主義（自由主義・個人主義）の精神を擁護し、《民主主義を枠付ける》ことになる。なお、裁判所をこの精神を擁護する存在として考えることは現実的ではないとされる。(15)

(iii) 共和制の諸原理の浸透

更に、この共和制の諸原理が浸透している必要性が指摘される。

代議院において、共和主義の精神が浸透することによって、元老院との見解の調整がなされ、統治が、自由の保障のためになされることとなる。加えて、人々（諸政党、市民）によるこの基本原理に対する支持が前提条件となる。自由主義が浸透しているような状況では、民主主義に任せておいても自由主義の観点で問題は生じない（「良識のある民主主義」）。しかし、フランスにおいては、未だ、（イギリスやスイスに比して）その浸透が不十分であるとされ、《民主主義の制限》の必要性が説かれる。

フランスでこの原理が浸透していない原因として、旧体制への回帰に対する欲求（アンシャンレジームの精神、反・革命の動き）と、集団の中に埋没することへの陶酔（レヴィアタンの精神、全体主義国家に対する隷属）が挙げられる。人々には、共和制の原理に同意するだけでなく、基本原理を阻害するものに対して常に警戒し、抵抗するという、「内心の努力」が要求される。この原理を広める運動は、あたかも教会の活動のような外観・性質を有するとする。具体的には、出版物や学校の市民教育を通じて人々の間にこの精神を広め、一定の狭いサークル（クラブ、思想団体、政治団体、監視委員会など）の中でその精神を育み、守ることとなる。この観点から、聖職者たちが「共和国への支持」によって、この原理を著しく浸透させたことが評価される。

②第二部「制度的な改革」

第二部においては、まとめとして、議院内閣制とは、議会が解散によって内閣から罷免され、内閣が不信任によって議会から罷免され、議会も内閣も選挙によって人民から罷免され得るという、「人民」「議会」「内閣」間の責任（罷免可能性）のシステムとされる。以上の責任のシステムは二大政党制によって実現されるところ、ここでは従来と異なり、二回単記投票制ではなく、一回単記投票制が適当とされる（詳しくは論文⑤）。[16]

（五）「イギリスの民主主義の諸教訓：『二大政党制』のために」（一九三九年三月）

①民主主義・代表制の定義について

現代憲法の目的を実現する（《議会が統治し、自由を保護する》）ために「民主主義」や「代表」は存在するものであるため、それを実現し得るもの（すなわち、五つの論文に示されている統治制度）が、「民主主義」、「代表」とされる。この意味で、民主主義や代表の概念は、現代憲法の目的を実現し得るものとして消極的に定義されるに過ぎない。したがって、例えば、民主主義という用語をその果たすべき役割から独立して本質論的に「治者と被治者の同一性」として定義してそこから細部を定めるような発想は、逆に、現代の課題を実現し得ないおそれがある（議会の機能不全を招き、議会に対する不信感を招き、自由主義を後退させるおそれがある）として否定される。

②制度について

第一に、投票制度について、カピタンは、二回単記投票制だと一回目の投票で小党が乱立し、二回目の投票で左派連合と右派連合に分かれるとしても、連合内で分裂して多数派が不安定な状態になるので、一回単記投票制を適当とした。

第二に、議会反対派の役割について、議会の反対派の批判によって政府の業績を整理して、世論による統制のための判断材料が提供されるとする。

二　小堀のチェックポイントに関するカピタンの理解

カピタンは、現代憲法の目的を実現し得る、すなわち、《議会が統治し、自由を保護》し得るものを議院内閣制として、種種の仕組みを導いている。以下、小堀のチェックポイントに照らして、カピタンの見解を確認する。

(一) 本質論

①議院内閣制の本質について

第一に、現代憲法の目的を実現し得る仕組みを模索しているのであり、議院内閣制の本質論（ある仕組みが議院内閣制であることの基準や、議院内閣制でなかったらどうなのかという議論）を述べているわけではない。

第二に、日本において本質論として強調される責任（政治責任・議会重視）の要素と、均衡の要素（内閣による解散権）は、現代憲法の目的の実現ために必要不可欠な要素となり、統合される。

②一元型議院内閣制という本質

カピタンの一元型議院内閣制論とされる部分は、現代憲法の目的、すなわち、《君主が統治権力を行使しなくなったので》、《議会が統治と自由の保護を担わなければならない》を述べる部分である。これは、現代の多くの国（イギリス・フランス）において妥当している。

他方で、カピタンは、イギリスの国王、フランスの大統領の憲法上の意義（内閣に対する諮問機関としての役割）を積極的に評価している。この状況を、元首が一定の影響力を有していることから二元型とするか、議会が統治を行わなければならないことから一元型とするかは、言葉の問題であり本質的ではない。

（二）自由な解散

カピタンは、ドイツにおける解散権の乱発を警戒し、他方で、イギリスにおける解散義務にも言及し、自由な解散を主張していない。解散権の条件付け（解散の強制・解散の制限）について十分に言及していないのは、フランスにおいては、そもそも内閣による解散制度の導入が第一の課題であったためと思われる。

（三）民主主義の優位、立憲主義の軽視、権力分立の否定、司法権の劣後

《議会が統治と自由の保護を担わなければならない》ので、そのために、議会が、選挙制度や解散制度によって、制約を受ける。ここにおいては、民主主義が優位とされているわけではなく、個人主義の実現のため、民主主義の枠付け（制限）が論じられている。

また、その権力分立の否定論の主眼も君主が統治権力を行使しないことを意味しているだけで、民主主義が優位し、裁判所による違憲審査が否定されることが主張されているわけではない（裁判所を重視しなかったのは当時のフランスではそう考えるのが自然であったからに過ぎない）。

（四）小括

小堀は、イギリスでは二元型が採られていることを明らかにすることによって、君主によって解散権が条件付けられていること（イギリスには「自由な解散」論が存在していなかったこと）を示し、その

上で、日本の議院内閣制を二元型と解した上で、内閣の解散権を制限し得ることを示唆する。[17]

他方で、カピタンの理論によれば、君主の存在を抜きにして、日本の議院内閣制を一元型と解した上で、内閣の解散権を制限し得ることになる。すなわち、論理的には、二元型では無いことが、解散の無制限化を意味していないことが示唆される。

おわりに

第一に、小堀によって、通説に影響を与えたとされるイギリスの議論において「自由な解散」論が存在していなかったことが指摘され、本稿によって、通説に影響を与えたとされるカピタンも、解散権の条件付けを示唆していたことが指摘される。[18] 両者は、「自由な解散」論の正当性の見直しを迫る点については軌を一にし、いかなる場合に内閣の解散権が条件付けられるのか、に関しては、両者の見解は補完し合うことになる。

第二に、カピタンは、方法論として法律実証主義に依拠せず、「法」・「法学」に関して、法典に現れない価値や慣習まで含めて多面的に考察する。カピタンの議院内閣制論においては、政党規律のあり方や、政治現象（政治的振り子や穏健化のメカニズム）や、社会において共有されている価値（共和主義の浸透）が、憲法学の対象となる。こうして政治学・社会学と憲法学が接続される。この方法論は、個人主義の実現を目的としたときの憲法のあるべき姿を模索することを可能にする一方で、警戒もされるところである。[19] 引き続き検討が必要となろう。

第三に、カピタンの《君主と議会の権力分立を模範として統治機構を考察してはならない》という態度は、日本においても示唆的である。日本においては、議会多数派が内閣を生み出すので、「議会」と

「内閣」が対立することは稀である。ここにおいて、内閣に対して歯止めをかけるため、議会と内閣の権力分立を模範として、議会を尊重することは、議会多数派を尊重することを意味しかねないので、注意を要する。この場面（権力分立の関係が終わり、議会が内閣を生み出す場面）を念頭に置いているのがカピタンの理論である。そこでは、議会と内閣を一体として（「議会多数派」を）コントロールする必要性が説かれ、定期的な政権交代が生じるように投票制度のあり方を模索し、また、議会多数派の支持率が落ちているときにこそ世論が議会多数派を入れ替えられるように解散権行使の条件付けを検討し、また、議会反対派が政権の業績を整理して有権者に投票に向けた情報提供を実効的に行えるように議会運営や報道のあり方を検討する必要性が示唆される。

（1）小堀眞裕『英国議会「自由な解散」神話——解釈主義政治学からの一元型議院内閣制論批判』（晃洋書房、二〇一九年）二頁。なお、引用文中には樋口陽一『議会制の構造と動態』（木鐸社、一九七三年）、高橋和之『国民内閣制の理念と運用』（有斐閣、一九九四年）が挙げられており、例えば、樋口がイギリスの制度をカピタンの見解に依拠して「一元型議院内閣制」であると理解した点（小堀一一九－一二〇頁、樋口八－一〇頁）、高橋が無制約の解散を支持する点（小堀一二四頁、高橋四三頁）が指摘されている。

（2）小堀・前掲注1・二一－五頁、一一九－一二〇頁、一二三－一二四頁、一六三－一六四頁、一八六－一八七頁。

（3）René CAPITANT, «Régimes parlementaires» (1933), repris dans R. CAPITANT (Choix de textes, chronologie, bibliographie et index établis par Jean-Pierre MORELOU), *Écrits constitutionnels*, Paris, CNRS, 1982, pp.237-253. 翻訳として、ルネ・カピタン、時本義昭訳「議院内閣制」龍谷大学社会学部紀要 第一六号（二〇〇〇年）八九－一〇〇頁がある。

（4）René CAPITANT, *La réforme du parlementarisme*, Paris, Recueil Sirey, 1934. 翻訳として、ルネ・カピタン、

時本義昭訳「議院内閣制の改革（一）、（二・完）」龍谷大学社会学部紀要第二一号（二〇〇二年）一〇六－一一〇頁、第二二号（二〇〇三年）九五－一〇一頁がある。

（5）René CAPITANT, «La crise et la réforme du Parlementarisme en France Chronique constitutionnelle française (1931-1936)» (1936), repris dans R. CAPITANT (Textes réunis et présentés par Olivier BEAUD), *Ecrits d'entre-deux-guerres (1928-1940)*, Paris, Editions Panthéon Assas, 2004, pp.343-380.

（6）René CAPITANT, « Les traits spécifiques de la démocratie française »(1939.2), repris dans R. CAPITANT (Textes réunis et présentés par Olivier BEAUD), *Écrits d' entre-deux-guerres (1928-1940)*, Paris, Editions Panthéon Assas, 2004, pp. 381-390.

（7）René CAPITANT, «Les leçons de la démocratie anglaise : pour un «two party system»» (1939.3), repris dans R. CAPITANT (Textes réunis et présentés par Olivier BEAUD), *Écrits d' entre-deux-guerres (1928-1940)*, Paris, Editions Panthéon Assas, 2004, pp. 425-429.

（8）本稿筆者の博士論文「ルネ・カピタンの議院内閣制論――民主主義の枠づけ――」（関西大学、二〇一一年三月・未公表）の端緒となる研究業績として、拙稿「ルネ・カピタンの議院内閣制論（一）（二）（三・完）」関西大学法学論集六八巻一号（二〇一八年五月）二四四－二七三頁、同巻二号（七月）四六－七六頁、同巻三号（九月）八二－一二三頁がある。

（9）梅津實「イギリスにおける選挙制度の問題状況」同志社法学四四巻四号（一九九二年）一－二九頁参照。

（10）大統領の解散権の規定が死文化するに至る経緯（セーズ・メ事件）については、柴田三千雄・樺山紘一・福井憲彦編『世界歴史大系　フランス史3―19世紀なかば～現在―』（山川出版社、一九九五年）一二七－一二八頁、モーリス・デュヴェルジェ、時本義昭訳『フランス憲法史』（みすず書房、一九九五年）一一八－一二一頁、二〇五－二〇六頁を参照。

（11）本文献で取り上げられているワイマールの比例代表制については、渡辺重範『ドイツ近代選挙制度史：制度史よりみたドイツ近代憲法史の一断面』（成文堂、二〇〇〇年）一七六－一八六頁参照。

（12）なお、この「議会主権」は、カピタンの見解（議会が主権を行使する）とは区別されるので、注意が必要である。

（13）René CAPITANT, «La crise et la réforme du Parlementarisme en France Chronique constitutionnelle française (1931-1936)» op.cit., p. 353.

（14）René CAPITANT, La réforme du parlementarisme, op.cit., p. 18.

（15）フランス革命の直前に、王国において司法権の頂点にあった高等法院が、国家の租税制度の改革に対して激しく抵抗したことがきっかけでフランス革命の勃発へとつながっていった経緯があり、これに対する反省から、フランス革命以降においてフランスの司法権が制限されたという点について指摘するものとして、中村義孝「フランス憲法院の改革」立命館法学二号（二〇一二年）三‐四頁。

（16）単記二回投票制については、只野雅人『選挙制度と代表制——フランス選挙制度の研究——』（勁草書房、一九九五年）三七頁以下に詳しい。

（17）小堀・前掲注1・一九九‐二〇〇頁。

（18）第四、第五共和制期における議論も調査される必要がある。

（19）樋口陽一『現代民主主義の憲法思想』（創文社、一九七七年）二五四‐二五九頁、同『近代立憲主義と現代国家』（勁草書房、一九七三年）九八‐九九頁。

フランスにおける暴力行為の理論の展開

棟形康平
（九州大学・院）

はじめに

多元的な裁判制度を有するフランスにおいて、暴力行為の理論（théorie de la voie de fait）と呼ばれる判例理論がある。これは、一定の事件に関する行政裁判所と司法裁判所の間の裁判管轄をめぐって形成されたものであり、フランスにおいては長い歴史を有する判例理論として知られる。

この暴力行為の理論に関しては、フランスにおける重厚な歴史的展開に比して、我が国における研究は、必ずしも多いものとはいえない。そのような中でも、行政法学の分野ではいくつかの重要な研究がみられるが、(1) 憲法学においては、ほとんど研究の蓄積がないという状況にある。しかしながら、この判例理論をめぐる行政裁判所や司法裁判所、そしてこの両者の権限問題を扱う権限裁判所（Tribunal des conflits）の動態には、憲法学的にも注目すべき点があるように思われる。

暴力行為の理論をめぐっては、近時、判例上重要な変容が生じた。この変容は、後にみるように暴力行為の事例に関する司法裁判所の権限を縮減させるものであるが、その背景には、行政裁判所による人権保障機能の進展があるように思われる。そうであるとすると、暴力行為の理論をめぐる判例あるいは立法の動きは、単に裁判管轄という技術的な問題にとどまらず、人権保障をめぐる裁判機関の役割論につながるものになる可能性がある。

本稿では、こうした展望を持ちつつ、暴力行為の理論の近時の変容とそれがフランスにおける各裁判所の役割論の変化の一断面を示している可能性について指摘したい。(2) そのためにまず、暴力行為の理論がいかなるものなのかについて確認する（一）。続いて、同理論を学説がいかように理解してきたのかについて概観する（二）。そして、暴力行為の理論に生じた変容とその背景について検討し、憲法学的な観点からも注目すべき点があることを指摘したい（三）。

一　暴力行為の理論とは何か

フランスにおいては、行政権と司法権が厳格に分離されており、行政裁判権と司法裁判権を区別する二元的な裁判制度が採用されている。暴力行為の理論は、フランスにおいて、そのような行政権と司法権の分立原則が存在するにもかかわらず、一定の要件を満たした場合に、行政に関する事件を司法裁判所が管轄することを根拠づける判例理論である。司法裁判所の裁判管轄が根拠づけられる要件（一）とその効果（二）は以下のようになる。

（一）要件

暴力行為は次の①または②の要件を満たした場合に構成される。すなわち、①たとえその決定が適法であっても、決定を違法な条件の下で強制執行し、所有権あるいは基本的自由に対して重大な侵害をもたらす場合、②決定が行政権に属する権限に結びつけられる余地の明らかにないという条件の下で、所

有権あるいは基本的自由に対して重大な侵害をもたらす場合の二通りである。(3)

ここで被侵害利益とされる所有権と基本的自由について、その具体的な内容としては、以下のようなものが認められてきた。(4) 所有権については、住居徴用による不動産所有権の侵害や所有地への電柱の設置等が挙げられる。また、不動産だけでなく、動産についても文書の没収などについて、所有権侵害が認められてきた。また、基本的自由については、逮捕・拘禁などの人身の自由や旅券の発券・再交付などをめぐる往来の自由、出版物の発売禁止処分や押収に関連する表現・出版の自由などが挙げられる。

（二）効果

（一）の要件を満たす場合、司法裁判所には排他的で、完全な裁判権が認められる。すなわち、司法裁判所は行政の行為の適法性審査などの先決問題の審査権をも認められ、権利救済の手段として損害賠償、不法状態の排除などの手段を有し、行政の行為に対して裁判権を行使しうる。その際、例えば、損害賠償請求の審理にあたって適用されるのは民事法の規定であり、そこに暴力行為の理論の実益があるといわれてきた。(5) また、暴力行為の事例においては、事後的になされる排除措置だけでなく、急速審理裁判官（juge des référés）による仮の救済も認められる。

二　暴力行為の理論の正当化

こうした暴力行為の理論によって、行政の暴力行為については、司法裁判所が裁判管轄を持つという判例が長い間積み重ねられてきたのであるが、フランスにおいては、伝統的に行政権と司法権の分立原則が認められてきたのであり、暴力行為の理論をいかに理論的に正当化するかという問題が生じる。判例の重厚な史的展開と比例するように、学説においても様々な議論が積み重ねられてきたが、その議論状況を整理すると、大きく次の二つの主張に整理できる。[6] すなわち、変質の理論による正当化（一）と個人的自由と所有権の守護者としての司法権原則による正当化（二）の二つである。

（一）変質の理論

変質（dénaturation）の理論は、暴力行為とされた行政の行為について、当該行為の性質が変わったと理解することにより、司法裁判所への裁判管轄の移転を正当化する。暴力行為は、行政に由来する行為であったとしても、行政の性質が失われ、行政による裁判の特権を失うと考えるのである。行政の性質が失われるということは、当該行為がもはや行政の行為ではなく、私人の行為と同視されるということであり、当該行為の裁判管轄が司法裁判所にもたらされることが正当化されることになる。

例えば、判例で暴力行為が扱われ始めた初期の時代に、暴力行為の理論を包括的に研究した論者として知られるデグランジュ（Eugène Desgranges）は、行政の権限は実定法の定めにその根拠があり、その実定法を乗り越えれば、当該行為と行政との間のつながりが断たれることになり、私人の行為同様のものに変質するとし、暴力行為の理論の特質を当該行為の変質によって捉えた。[7]

暴力行為が扱われ始めた初期の判例群は、こうした変質の理論による説明と親和的であるとされる。[8] 例えば、権限裁判所一九〇二年一二月二日 Saint-Just 不動産会社判決[9]において、ロミュー（Jean Romieu）論告担当官はその論告意見の中で、暴力行為を構成する行為を行政の行為ではないものとして提示し、司法裁判所の通常の権限に関連するものとして示した。司法裁判所が扱う暴力行為は、行政の性質が失われた結果、あくまでも私人の行為と同視しうるものと理解されるのであり、行政権と司法権の分立原則の例外として暴力行為の理論が用いられるのではなく——つまり、行政の行為であるが、例外的に司法裁判所が裁判管轄を持つというのではなく——、あくまでも行政権と司法権の分立原則を適用した結果であると理解されることになる。

（二）個人的自由と所有権の守護者としての司法権原則

個人的自由と所有権の守護者としての司法権原則（principe de l'autorité judiciaire gardienne de la liberté individuelle et du droit de propriété）（以下「司法権原則」という。）は、フランスにおいて伝統的に認められてきた、司法裁判所の役割を示すものである。現行のフランス第五共和制憲法六六条二項においても、「司法機関は、個人的自由の守護者であり、法律が定める要件に従って、この原則の尊重を保障する」(10)と定められ、個人的自由の守護者としての司法裁判所の役割が確認されている。こうした司法権原則を根拠に、暴力行為によって侵害されている利益を保護する役割を司法裁判所が有していると考え、司法裁判所の介入を正当化する説明の仕方がありうる。ここでは、行為の性質に着目するのではなく、司法権の役割にその根拠を求めることになる。

最近の裁判例(11)では、暴力行為は「行政権と司法権の分立原則の例外として」存在するものであると判示されるが、この判示からすると、あくまでも暴力行為は行政の行為であるが、例外的に司法裁判所の裁判管轄が認められるという理解になり、変質の理論は説得力を弱められることになる。(12)そうすると、司法権原則の援用によって、例外的に介入する司法裁判所の権限を正当化することも考えられる。

このように、これまでおおまかに分類すれば、変質の理論による正当化と司法権原則による正当化という二つの説明の仕方が議論されてきた。共和暦八年（一七九九年）憲法の時代にその淵源を有するとされる(13)暴力行為の理論は、当然のことながら一様ではなく、時代時代においてその姿を変えつつ展開してきたのであるが、その歴史的展開の中でも大きなインパクトを与える裁判例が近時生じた。以下でみる裁判例によって、暴力行為の理論は重要な変容を被ることになる。

三　行政裁判所の進展と暴力行為の理論

（一）近時の変容

近時の判例上の変化は、ある立法にその端を発する。フランスにおいては、一九八〇年代以降、行政裁判制度の改革がより一層進められてきたが、[14]二〇〇〇年代に入ると行政の急速審理（référé）について注目すべき立法がなされた。それは、行政裁判所における急速審理に関する二〇〇〇年六月三〇日の法律第五九七号であり、この法律によって、行政裁判所は、行政の行為による侵害に対する基本的自由の保護のための急速審理手続を採ることが可能になった。[15]すなわち、行政裁判法典L.521-2条は「急速審理裁判官は、公法人または公役務の管理を担う私法上の組織が、その権限のいずれかを行使するにあたって、基本的自由に対する重大かつ明らかに違法な侵害をもたらした場合には、緊急性によって根拠づけられた申立てに基づき、当該基本的自由の保護のために必要なあらゆる措置を命じることができる。急速審理裁判官は、四八時間以内に判断しなければならない」と定める。この規定によって、行政裁判所は、行政の行為による侵害に対する基本的自由の保護のために急速審理手続を採ることが可能になったのであり、一見すると、暴力行為の理論によって行政の行為による基本的自由の侵害事案に裁判管轄をもつ司法裁判所と、自由保護の急速審理を行う行政裁判所との間で競合が生じるようにもみえる。

果たして、権限裁判所は、その後の裁判例で暴力行為のカテゴリー自体は存続することを認めたのであるが、行政裁判所と司法裁判所の裁判管轄の分配に大きな影響[16]を与える裁判例がコンセイユ・デタから生まれた。二〇一三年一月二三日シロンギ（Chirongui）事件がそれである。本件は、原告が自身の所有する土地に公営住宅を造る工事に着手した市に対して工事の中止を求め、急速審理手続に基づいて提訴したものである。マムズ（Mamoudzou）地方行政裁判所が請求を認容したのち、控訴を受けたコンセイユ・デタは、「緊急性の条件が満たされることを条件として、たとえそれが暴力行為の性質を持つとしても、基本的自由の性質を持つ所有権に対する重大かつ明白に違法な侵害を止めさせることを行政に命じるのは、行政裁判法典L.521-2条に基づいて提訴された、行政の急速審理裁判官の役目である」と判示したうえで、所有権侵害を理由として、工事の差止めを命じた。

本件では、争われている行為が「暴力行為の性質を持つとしても」行政裁判所が当該行為についての裁判を扱うと判示されており、これは、これまで暴力行為であれば司法裁判所が扱うとしていた権限分配の基準が、ほかならぬ行政裁判所自身によって動かされたということを意味する。(17)

こうなると、もはや司法裁判所のための暴力行為の理論のカテゴリーは不要になってしまう可能性もあるが、この点についてシロンギ事件から数か月後、これまで暴力行為の理論の発展に大きく寄与してきた権限裁判所によって注目すべき判断が示された。

権限裁判所二〇一三年六月一七日ベルゴアン（Bergoend）判決(18)は、原告が自身の土地に設置された違法な電柱の撤去を命じることを求めた事案に関するものである。提訴は司法裁判所になされたが、第一審・控訴審ともに自身の裁判管轄を否定し、破毀院は権限問題について判断することを求めて、権限裁判所に事件を移送した。事件を受けた権限裁判所は、次のように判示して、新たな暴力行為の定義を示したのであった。すなわち、「行政が、たとえその決定が適法であっても違法な条件で、個人的自由（liberté individuelle）を侵害しあるいは所有権の消滅（extinction）に達するような強制執行を実施したり、行政権に属する権限に結びつけられる余地の明らかにない決定で個人的自由の侵害あるいは所有権の消滅と同様の効果を持つ決定をしたりする範囲でしか、行政権と司法権の分立原則の例外として、中止あるいは賠償を命じる司法権の裁判権限を正当化する、行政の暴力行為は存在しない」としたのである。

ここで示された暴力行為の新たな定義は、被侵害利益の部分が従来のものと異なる。行政の振舞いの部分については、従来から繰り返されてきた判示と同様のものであるが、対象とされる権利利益に変容が生じたのである。つまり、これまでは「基本的自由の重大な侵害」とされていた部分が「個人的自由の侵害」に変更され、「所有権の重大な侵害」とされていた部分が「所有権の消滅に達するような侵害」に変更された。これは共に従来の定義より被侵害利益の範囲を狭めたものであると考えられる。前者については、個人的自由は基本的自由よりも狭い概念であると考えられているし[19]、後者についても、消滅に対するほどの侵害であることが求められる。

暴力行為のカテゴリーは、従来のものと比して限定的なものにその姿を変えることとなったが、暴力行為というカテゴリー自体の終焉までには至らなかった。このことの当否の検討は今後の課題となるが、こうした変容を踏まえると、暴力行為の理論の捉え方自体にも当然変化が生じることになるであろう。

（二）機能的概念としての暴力行為

そもそも、暴力行為の理論の正当化理論たる、変質の理論や司法権原則による正当化については、以前から次のような批判が加えられてきた[20]。

まず、変質の理論については、行政の行為に端を発する以上は暴力行為であってもやはり行政の行為であると考えるべきであるという批判が考えられる[21]。また、行為が変質し、私人の行為と同視しうるものであるならば、必ずしも基本的自由や所有権への重大な侵害に限られる必然性はないようにも思われる。さらに、先にみた通り、最近の判例との整合性の点でも疑問が生じる。先のベルゴアン判決においても「行政権と司法権の分立原則の例外として」司法裁判所の裁判管轄を正当化するという理解が採られており、変質の理論はこの判例上の理解とは整合的でないように思われる。すなわち、繰り返しになるが、変質の理論は、暴力行為を行政の行為ではなく、私人の行為として理解するため、暴力行為の理論による権限分配を通常の権力分立原則の適用として理解することになるのであり、「例外」という位置づけとは不整合であるように思われるのである。

また、司法権原則についても、司法権の役割として暴力行為で侵害されているような権利利益の保護があるとすると、暴力行為の要件のうち、行政の振舞いに関する部分は必ずしも必要にならない可能性があるとの指摘が考えられる[22]。司法権原則によって正当化するのであれば、行政の行為がどのようなものであれ、個人的自由などへの侵害があるときには、司法裁判所の裁判管轄が認められると考えることもできるように思われる。

こうしたことを踏まえて、近時の学説の中には、暴力行為の理論の機能的性格を指摘するものがある[23]。すなわち、行政裁判所には技術的に不十分な部分があったために、暴力行為の理論のような領域が認められ、司法裁判所による救済が実行されてきたと考えるのである。もっとも、このこと自体は、古くから指摘されてきたことであり、例えば、後に憲法院判事も務めた公法学の権威であるヴデル（Georges Vedel）は、暴力行為の理論の「柔軟性は基本的性格であるだけでなく、暴力行為の理論の存在理由である」[24]と述べていた[25]。このように考えると、暴力行為の理論は、行政裁判所に必要な手続が付与されていなかったことをその存在理由とし、行政裁判法典 L.521-2 条の整備により、ただ本来あるべき場所に権限が戻ったというだけの話になってしまいそうであるが、権限の移転の背景には、憲法学的にも注目すべき点があるように思われる。それは、人権保障機関としての行政裁判所の進展である。

（三）行政裁判所の進展と司法権

かつて、暴力行為の理論の存在理由が語られる際には、行政権による行政裁判についての不信が指摘されることがあった(26)。行政裁判所は、人権保障機関としての役割を十分には果たすことができていない面があるという認識である。

しかしながら、今日では、行政裁判所は人権保障機関としてその役割を認められてきたのであり、十全な役割をはたしていることは否定できない(27)。もし行政裁判所が人権保障の役割をより確固たるものにしつつあるという認識が正しいものであれば、暴力行為の理論をめぐる近時の判例の展開は、単に手続付与によって権限配分が変わった（本来のあるべき姿に戻った）ということにとどまらないのではないだろうか。つまり、行政裁判所が存在感を増すことで、個人的自由の守護者たる司法裁判所もその役割論について影響を受けることになるのではないだろうか。そうすると、人権保障機関としての行政裁判所の進展に伴う司法権の意義の問い直しという事象の一断面として暴力行為の理論の一連の動きをみることができるように思われるのである(28)。

おわりに

暴力行為の理論の問題には、多元的な裁判制度を有するフランスにおいて人権保障の役割をどのように実効的に果たしていくかという重要な問題の一側面が表れているように思われ、そこでは個人的自由の守護者を自任してきた司法権の意義が問い直されることになる(29)。これは、フランスに特有な暴力行為の理論の問題が、我が国の司法権の役割論にも示唆を与える可能性を秘めていることを意味する。暴力行為の理論の問題は、裁判所の役割・能力をめぐる問題であり、我が国の裁判所の役割論にも参照に値するものがある可能性がある。今後、裁判所の役割論の観点からも暴力行為の理論をめぐる動向を改めて検証していく必要があろう。

（1）暴力行為の理論それ自体を包括的に研究したものは、我が国ではあまり多くはないが、行政法学における研究成果として、遠藤博也「フランスにおける無効論」同『行政行為の無効と取消——機能論的見地からする瑕疵論の再検討』（東京大学出版会、一九六八年）三八二‐四五四頁がある。また、広岡隆「判批」野田良之編『フランス判例百選』（有斐閣、一九六九年）六八‐六九頁も参照。

（2）暴力行為の理論の成立過程については、かつて別稿で検討した。拙稿「フランスにおける暴力行為の理論の成立過程」九大法学一一九号（二〇二〇年）五五‐七九頁。

（3）TC, 23 oct. 2000, Boussadar, *Lebon*, p.775.

（4）遠藤・前掲注（1）三九五‐三九七頁。

（5）遠藤・前掲注（1）四〇二頁。

（6）Julie Cornu, « Les métamorphoses de la voie de fait : changements attendus et perspectives », *RDP*, 2017, n°3, pp.575-576.

（7）Eugène Desgranges, *Essai sur la notion de voie de fait en droit administratif français*, Paris, Librairie du Recueil Sirey, 1937, pp.221 et s.

（8）J. Cornu *supra* note 6, p.576.

（9）TC, 2 déc. 1902, Sté immobilière de Saint-Just, *Lebon*, p.513. 本判決について、拙稿・前掲注（2）七一頁以下。また、広岡隆『行政強制と仮の救済』（有斐閣、一九七七年）二六‐四二頁をも参照。

（10）訳文は、初宿正典＝辻村みよ子編『新解説世界憲法集〔第五版〕』（三省堂、二〇二〇年）二三七頁［辻村みよ子］に従った。

（11）*supra* note 3.
（12）J. Cornu *supra* note 6, p.579.
（13）E. Desgranges, *supra* note 7, pp.39 et s.
（14）橋本博之「フランスにおける行政訴訟改革」同『行政訴訟改革』（弘文堂、二〇〇一年）一九頁。
（15）当該立法について、杉原丈史「フランスにおける行政裁判による実効的救済の観点からみた基本的自由保護急速審理の位置づけ（一）」愛知学院大学論叢法学研究第五六巻第一・二号（二〇一五年）一三一－一五四頁（行政裁判法典L.521-2条の訳は同一三二頁注3に従った）。また、橋本博之「行政訴訟に関する外国法制調査――フランス（下）」ジュリスト一二三七号（二〇〇三年）二二六－二三二頁も参照。
（16）CE, 23 janv. 2013, Commune de Chirongui, *AJDA,* 2013, p.788. 自由保護の急速審理手続との関係で本件を詳細に検討したものとして、杉原丈史「フランスにおける行政裁判による実効的救済の観点からみた基本的自由保護急速審理の位置づけ（三）」愛知学院大学論叢法学研究第五九巻第三・四号（二〇一八年）一－一三頁。
（17）また、行政裁判法典L.521-2条にいう「基本的自由」の中に所有権も含まれることも確認された。
（18）TC, 17 juin 2013, Bergoend c/ Société ERDF Annecy Léman, *Lebon,* p.370. 自由保護の急速審理手続との関係で本件を詳細に検討したものとして、杉原・前掲注（16）一四－二五頁。本判決についての憲法学的な観点からの検討は別稿に譲る。
（19）「重大な」という形容詞が抜けたことについては、そもそも個人的自由に対する侵害は重大なものであるため、大きな問題とは考えられていない。Xavier Domino et Aurélie Bretonneau, « La voie de fait mise au régime sec », *AJDA,* 2013, n° 27, p.1569. また、個人的自由の観念の概説について、山元一「個人的自由」フランス憲法判例研究会編『フランスの憲法判例Ⅱ』（信山社、二〇一三年）一五七頁。
（20）J. Cornu *supra* note 6, pp.575-580.
（21）Michel Debary, *La voie de fait en droit administratif,* Paris, LGDJ, 1960, p.61.
（22）J. Cornu *supra* note 6, p.574.

(23) Olivier Le Bot, « Maintenir la voie de fait ou la supprimer ? Considérations juridiques et d'opportunité », *RDLF*, 2012, n° 24.

(24) Georges Vedel « La juridiction compétente pour prévenir, faire cesser ou réparer la voie de fait administrative », *JCP*, 1950, I, n° 851.

(25) ただし、ヴデル自身は変質の理論によって暴力行為の理論を正当化していた。

(26) Prosper Weil et Dominique Pouyaud, *Le droit administratif*, PUF, 2017, p.117.

(27) Jacques Petit, « Les armes du juge administratif dans la protection des libertés fondamentales », Colloque : La guerre des juges aura-t-elle lieu ? *Revue générale du droit on line*, 2016, n° 23356.

(28) Pascal Jan, « Du dialogue à la concurrence des juges », *RPD*, 2017, n° 2, pp.347-348. は、暴力行為の理論をめぐる近時の変容を裁判所間の競合問題の例として挙げる。

(29) 山元一「最近のフランスにおける人権論の変容——公の自由から基本権へ」同『現代フランス憲法理論』（信山社、二〇一四年）五一九‐五二〇頁は、フランスにおける「基本権」の観点から、自由保護の急速審理手続に注目する。

地方自治体の出訴可能性
――ドイツの学説を素材として――

横堀あき
（北海道大学）

はじめに

わが国公法学における地方自治論には、二つの大きな問題点が指摘されている。まず、日本国憲法が地方自治を初めて保障したにも関わらず、「地方自治の本旨」の法的意義の検討が不十分であること(1)。そして地方自治を語る上で憲法学と行政法学の間に距離が存在することである(2)。

これらの問題を検討する端緒たり得るのが、地方自治体（普通地方公共団体・特別区）の出訴可能性の問題である。地方自治体に対する国の関与が団体自治の問題である以上(3)、これに対する法的紛争解決の問題は、憲法上の地方自治保障に繋がる。したがってこれは「地方自治の本旨」の問題に直結し得る。にも関わらず、当該問題は、憲法学では十分に検討されてこなかった(4)。その一方でわが国行政法学においては、当該問題は主観的権利たる自治権救済として論ぜられてきた。確かに、わが国で参照されるドイツでは、今日、「自治権」による出訴が認められている(5)。しかしながら、ドイツにおいても、歴史的には法治国原理即ち客観法維持の要請とその裁判的保障に基づく出訴として論ぜられてきた。本稿では、ドイツの議論に共通する思考様式を検討・参照し、「本旨」に基づく出訴の可能性を提示する。

一　日本における地方自治体の出訴の論理

（一）制度

一九九九年成立の地方分権一括法により、地方自治体には一定の紛争類型に対する出訴が認められた（地方自治法二五一条の五第一項）。しかしながらこれは国地方係争処理委員会への審査申出を前提とし、かつ機関訴訟と解される。したがって、審査の対象とされていない関与[6]への出訴可能性が問題となる。

（二）判例

判例では、地方自治体が行政権の主体として国に対して訴訟を提起する事例につき、宝塚市パチンコ条例事件上告審判決[7]が参照され、訴えが却下されてきた。事案の相違にも関わらず、この定式は実務上極めて広い射程を持つものと解釈・運用されてきた[8]。したがって法定外の類型の紛争については、当事者の力関係に極めて大きな格差が存在するにも関わらず、政治的な解決がなされることとなる。

（三）学説

これに対し学説では、地方自治体の出訴に積極的な立場が多いとされる。しかしながらこれに消極的な立場の論者からは、出訴を認める場合検討の不可欠な問いが提出されている。しかし何れの立場も、抗告訴訟あるいは司法権の対象を私権保護システムと解し、そこで私権と同等・類似の「自治権」を救済する構成を採用する点で共通する。

①出訴に積極的な学説

地方公共団体に対する国の監督に係る出訴の問題を逸早く扱った論者は、田上穣治教授である。教授は行政事件訴訟での概括主義の採用から、違法な監督処分に対する出訴を広く認めた。続いて成田頼明教授は、地方公共団体が国から独立した公法人であることから、このような訴訟を常に機関争訟と解することは妥当ではなく、公共事務の範囲内での公権力に基づく行為については処分と解し、出訴規定がない場合でも抗告訴訟を提起する余地があるのではないかと述べた[10]。また塩野宏教授は、現行法秩序では憲法原理として地方自治の保障が妥当していることから、国家関与が問題になる場面では国と地方公共団体との間で国家の意思が優越する訳ではなく、関与の根拠や態様は法律に規定されており、その範囲内のみにおいて、地方公共団体には服従することとなると言う。このような前提に基づき、教授は違法な国家関与について「その是正手段が制度上存在していなければならないはずであるし、また、その是正の要求が、個別地方公共団体の自治権の侵害の排除という形をとる限りにおいて具体的権利義務関係に関する訴訟として、裁判所による救済の方法が認められると考えられる[11]」とし、出訴を認める。最後に、白藤博行教授は、二〇〇〇年の改正地方自治法において新たに制度化された国の関与の仕組みに基づき「地方公共団体の自治権を保護する観点から、……とくに違法な国の関与に対する地方公共団体の司法的救済のあり方を検討[12]」する必要があるとする。その上で、ドイツでは内容を立法裁量に委ねてしまう制度的保障を克服する論理として、「自治権を『憲法によって直接保護された主観法的地位（権利）』と解することで、……法律による自治侵害からゲマインデの権利保護を図るといった権利保護アプローチ」を紹介する。そしてわが国でも、改正地方自治法で新設された規定から、「憲法によって保障されている自治権の内容がさらに明らかにされ、その地方公共団体の主観法的地位＝権利が具体化されたと解することは十分可能であろう」と述べる[13]。そのため、このような地位（権利）救済のためのシステム確立が課題であるとするのである。

②出訴に消極的な学説

一方で、出訴に消極的な議論も展開されている。まず雄川一郎教授は、地方自治体の出訴も含め機関訴訟の許容性につき法人格の有無ではなく、実際に生ずる紛争が「裁判所において保護を受け得べき権利ないし地位に関するもの[14]」か否かにより決すべきと述べる。教授は公法上・私法上の権利主体として国・地方自治体も一般的に出訴権を有するとするが、地方自治は国から独立しておらず「何らかの範囲において国の下に立つ行政主体として、国の監督ないし関与を受けるべき地位にあ」る。そして「国の監督ないし関与が無制限に認められることにはならない」としつつ、私人とは異なる地位に基づく監督・関与に対する出訴につき、「司法的権利保障制度の枠からはみ出ることになるのではないか」と言う[15]。更に裁定的関与についても消極的な見解を示す[16]。次に藤田宙靖教授は、わが国行政法学で妥当する区別から出発する。曰く、行政法学では「行政主体と私人の区別」から生ずる「行政の内部関係と外部関係の区別」、行政組織法と行政作用法の相違が存在する[17]。そして特に裁定的関与について以下のように出訴を否定するのである。第一に、現行の抗告訴訟が私人の権利保護制度であること（憲法三二条[18]）、第二に、自治権に以下の問題点が残ることである。(a)憲法解釈として実体的な「自治権」が導出されるか。(b)これを認めるとしても、抗告訴訟を提起し得る権利か。そして出訴を認めることは抗告訴訟の客観化をしてしまうのではないかと危惧するのである[19]。小早川光郎教授は、以上のような内部関係・外部関係論を退けつつ[20]、司法制度と憲法三二条を結合し、法定外の関与不服訴訟に消極的な議論を展開する。教授は地方自治法上の関与不服訴訟の法律上の争訟性につき判断を保留するが、現行憲法の司法権は「基本的人権などの個人の権利に対する尊重の理念と深く結びついたものとして捉えられるべきである」から、それ以外の訴訟を司法権外の紛争と位置づける。自治権の保障は個人の権利確保と衝突し得るので、これについては憲法上認められるのではなく、「地方自治の本旨に即しつつ裁判所の介入をいかなる程度と態様において制度化すべきかの決定を法律に委ねている（憲法九二条）と解するのが妥当であろう」と述べ、立法措置により出訴の可否を決定すべきとする。[21]

以上のように、出訴に積極的な説は自治権を認め、それを私権保護システムである裁判所で救済すべき権利であると構成するのに対し、消極的な説は、自治権の存在自体を疑問視し、私権類似の救済を否定する、あるいは自治権の存在を認めつつ、これを私権保護システムである司法権の範囲の事項とは構成し得ないとすることで、このような出訴を否定する。

二　ドイツにおける地方自治体の出訴の論理

学説ではドイツの議論が参照されてきたが、出訴の論理に関する検討は不足していた。そこで以下では、出訴が認められた時期の代表的な論者の、出訴を認める論理について検討する。

（一）プロイセン地方自治＝法治国構想の確立――Rudolf von Gneist

プロイセン行政改革の思想的背景となり法治国＝地方自治＝行政裁判制度の整備及び地方自治体の出訴を制度化したのは、Gneist である。彼は一九世紀にドイツが直面した状況――人々の自由により発展する営利社会の進展、そしてそこから生じた国家と社会の対立、社会内部での階級対立――を克服するため、市民的自由という基盤に基づいた立憲国家、[22]即ち「法律に則った、法律による統治」[23]を行う国家を志向し、絶対主義国家の名残として横行していた官吏の権限の逸脱濫用を批判する。そして社会を国家に関与させることで目標の達成を試みた。即ち社会的義務を負担し得る階級に、これを課すことによる克服である。その際、Gneist は一八世紀に英国で行われた Selfgovernment 制度、具体的には英国の治安判事制度に着目した。負担を担う能力のある者が国王の任命により名誉職として地方で行政・司法を担うことにより、所有者階級には自治の能力が備わり、より広域の自治、つまり議会で法を形成する能力をも涵養し得ると言うのである。プロイセンにおいては、所有者階級が名誉職として自治＝ラント内務行政を担うことで、「国民（Nation）の法意識」が涵養されるとGneistは述べる。この仕組みは党派的な行政・司法が見られた当時の政治状況克服にも資するとされた。中立の行政と個々人の権利の保護は自治という中間項——名誉職による自治と任命者への人事権——により可能になり、「この中間項により、所謂『法治国』が生ずる」[24]。自治＝官憲的自治・法律適合的な自治は「国家の法秩序の基盤」[25]であり、法律適合的な自治のために国家官庁は監督を行う。[26]具体的には、参事会人事の確認権、官庁による訴願が念頭に置かれている。[27]逆に国家の法律適合性も、行政裁判所により、官吏の権限踰越の有無という形で審査される。[28]Gneistによれば、官憲的自治は自律的活動領域と委任作用領域に分けられるところ、後者への国家監督についても、「行政裁判権（Verwaltungsjurisdiction）という性格を有する……『行政訴願（Verwaltungsbeschwerde）』という新たなシステム」の判断に従わなければならない。[29]そして行政裁判制度を組み込まれた以上のような自治制度により、国家行政の適切な執行のみならず、個人の権利保護もなされる。[30]以上のように、Gneistの議論は、法治国形成の結節点として地方自治が用いられた。即ち自治に対しても法律適合性が求められると同時に、国家の措置にも法律適合性を求め、違法な措置に対する救済を制度化したのである。

このような思想を背景に、[31]一八七二年クライス法は、地方制度と行政裁判制度を導入し、プロイセンを法治国へと進める第一歩となった。即ち一七七条では監督に対する審査を上位の地方団体の合議制執行機関に委ね、一七八条においてクライスへの監督を法律適合性に限定したのである。プロイセン行政改革を通じて他の地方団体にも違法な監督措置に対する出訴・上訴が認められ、一八八三年の一般ラント行政法、管轄法により、このようなシステムが確立された(32)。

（二）ドイツ帝国公法学における議論――Georg Jellinek

Jellinek は、国家学は理念的には中央集権的な国家を想定してきたが、実際は歴史的沿革等から、国家は分権化されているとする。分権化はより積極的に、地方生活の把握困難性、中央官庁による権限の逸脱濫用防止等の理由から正当化される(33)。自治とは「利害関係人による公の行政」を意味する。自治は四種類に区別される。即ち①個人若しくは団体により、②権利または義務として遂行するという形態である。地方自治は団体によりなされるが、英国では受動的な（passiv）公法上の団体により義務として、大陸では能動的な（aktiv）公法上の団体により権利として行われる。後者は「支配権の担い手であるにも関わらず、国家の服従義務に服する」団体で、元来固有の権利たる統治権を行使したが、その後国家により自治権が承認（Zuerkennung）され国家統治権が授与されたと解されるに至った。「この種の近代的な自治団体は、それ故、国家から国家的統治権を行使する権利を、……法律という形式で変更され得るが国家に対しても独立の――導出されたものではあるが固有の――権利として」認められている(34)。ゲマインデは、自らの自由な領域のみならず、国家利益だけではなく自らの利益のために、統治権を権利として行使し得る一方、国家目的実現のために国家機関として活動する領域も有する。

とは言え、彼の議論では、国家は法秩序によって権限が与えられる場合のみ活動できる(35)。ゲマインデも個人と同様、国家に対し、以下の地位に立ち得る(36)。即ち第一に、委任活動領域にかかる受動的地位では、客観法の解釈に疑義が生じた場合、権限裁判所による紛争解決が認められる(37)。第二に、ゲマインデの自由な領域、権利として支配権を行使する領域は、消極的地位に立つ。第三に、ゲマインデの法人格の承認から、ゲマインデも積極的地位が認められ、消極的地位に関して、国家が客観法秩序に違反する=自らの義務を履行しない場合には、国家に対し義務の履行を求める公法上の請求権が導出される。[38] 第四に、ゲマインデはより広域の自治団体へ議員選挙権などを通じて、国政へ関与し得る能動的地位を有する。これは一見、権利に基づくように見えるが、そうではない。積極的地位で見られるように、これは人格から地位と公法上の請求権=主観的公権を導出するからである。[39] Jellinek の議論では、客観法維持の要請は、地位論に組み込まれている。

(三) ワイマール共和国における議論――Carl Schmitt

Schmitt はワイマール憲法を市民的法治国理念に則ったものと解し、基本権規定の体系化を試みた。真正の基本権は前国家的・超国家的なもののみである。[40] また団体は前国家的存在ではない。したがって一二七条は基本権ではなく制度的保障と解される他ない。制度的保障は法律による廃止を禁ずるものであり、規定の文言により主観的権利が認められ得るものの、一二七条はそうではない。当該規定からは、自治制度を廃止する法律や立法者の悪しき意図に基づいて制度を空洞化させる法律が違憲となる。[41]

Schmitt によれば、法治国とは法秩序の維持を目指す国家であり、真の法治国には、①法律の根拠なき場合個人の自由に介入できないこと、②国家は精密に限界づけられた権能の範囲でしか活動できないこと、③行政事件につき裁判官がコントロールし得ることが要請される。[42] プロイセンも真の法治国であり、国家とゲマインデの争訟は行政裁判所で解決されるべき公法上の諸利益にかかる争訟である。[43] このような論理によるならば、Schmitt の議論は、市民的法治国概念を軸に国家の法律適合性を前提としつつ、更に、一定程度立法者の権限をも限界づけるものと位置づけられる。

（四）戦後西ドイツにおける議論――Klaus Stern

ドイツでもなお制度的保障が通説とされるが、これはSternが基本法二八条二項の判例を体系化したものとされる。[44] 彼によれば、同規定は①制度的法主体保障（地方自治制度の保障）、②客観的法制度保障（地方自治体の任務・自己責任性の保障）、③主観的法的地位保障（保障された権利が毀損された場合の権利保護）と解される。[45] ③により、地方自治体は自治体憲法異議制度の利用や行政裁判所での出訴が認められる。①・②はしかし、個別の地方自治体を保障するものではない。

①・②の権利は、基本法二条一項の判例と「パラレルに考える」[46] 結果認められた。即ちエルフェス事件（BVerfGE 6, 32）では個人の一般的な行為の自由が認められ、一般的行為自由への侵害に対する同規定からの出訴が認められたが、同様に、地方自治規定から出訴を認めるのである。個人同様地方自治体も人格により国家から区切られているため、[47] 地方自治体も憲法上保障された内容への介入に対する出訴が認められる。ここで言われている権利とは、わが国での権利とは異なり、制度的なものである。このことは、③を「客観的法制度保障から反射する自治を妨げられない権利」[48] 或いは「保障された領域への介入を防御するための」[49] ものとする表現とも整合する。したがって出訴を認める論理としては、実体的な自治権ではなく国家行為の違憲・違法性を問うものと考えられる。

おわりに

以上の議論から、ドイツにおける地方自治体の出訴の論理は自治権救済の問題ではなく、一貫して、違法（・違憲）な国家行為是正の議論であったことが明らかになった。Gneistは国家官吏の権限逸脱濫用に対する法治国構想を担わせる結節点として地方自治＝行政裁判制度を構成し、権限踰越に対する行政訴願制度を認め、当該構想が法律にも採用された。Jellinek は、地方自治を国家の統治権行使としつつ、国家の法学的把握や公権論に基づき、客観法維持を求める地位・公法上の請求権を導出した。Schmitt は、市民的法治国たるワイマール共和国において、地方自治を制度的保障と解した。これは立法者に対する制約を導入し、かつ国家の違法な行為に対する行政裁判所での解決を要請するものであった。Stern は、地方自治規定の内容を体系化し、保障内容への介入に対する出訴を認めた。これは制度的なものであり、一般的行為自由と同様、介入への防御とされた。以上のように、ドイツの議論では客観法維持とその裁判的保障という共通の思考様式が存在する。これは地方自治体の出訴が当初行政裁判所で認められたこと、現在も自治権を個人の主観的権利と異なる「組織上の権利」(50)と解することとも平仄が合う。

以上の議論はわが国へ如何なる示唆を与えるか。両国の歴史的・制度的差異は否定すべくもない。しかし日本国憲法も法治国原理を採用し、かつ地方自治を保障する制限規範と解される。そのため「本旨」に違憲・違法な国家行為への制約とそれに対する保障を読み込むことは、理論上可能であろう。無論、実際の出訴可能性は司法権や日本の法治国概念とその内容の検討が不可欠であり、本稿のみで結論を示すことはできない。しかしながら地方自治の保障という観点からは、主観訴訟・客観訴訟という枠を超え、法治国原理に基づいて出訴を認めるという構成はあり得るのではなかろうか。

[附記] 本稿の執筆に当たり、JSPS 科研費 21K13182 の助成を受けた。

(1) 参照、原島良成「地方政府の自律(上)」自研八一巻八号(二〇〇五年)一〇一頁以下。

(2) 参照、新村とわ「自治権に関する一考察(二)」法学六八巻四号(二〇〇四年)一二六頁。
(3) 参照、山元一「自治体に対する国の『関与』」大石眞ほか編『憲法の争点』(有斐閣、二〇〇八年)三一二頁。
(4) 参照、人見剛・川岸令和「行政法学からの問題提起と憲法学からの応答」法時八一巻五号(二〇〇九年)六七頁。
(5) 行政裁判所への出訴の他、地方自治体は基本法二八条二項(自治権)違反に基づき、自治体憲法異議(基本法九三条一項四b号)を申立て得る。
(6) 例えば助言等非権力的な関与(法二五〇条の一三第一項)や国等からの支出金の交付等(法二四五条本文括弧書き)、裁定的関与(同条第三号)が存在する。助言・支出金に関係していると考えられる訴訟として、参照、泉佐野市ふるさと納税訴訟(最判令和二年六月三〇日民集七四巻四号八〇〇頁、大阪地裁中間判決令和三年四月二二日LEX/DB25571507)。
(7) 最判平成一四年七月九日民集五六巻六号一一三四頁。
(8) 参照、江口とし子「国と地方自治体との関係」藤山雅行ほか編『新・裁判実務大系第二五巻　行政争訟(改訂版)』(青林書院、二〇一二年)一一〇頁。近年の例として参照、辺野古基地新設に係る岩礁破砕等差止請求事件地裁判決(那覇地判平成三〇年三月十三日判時二三八三号三頁)。
(9) 参照、田上穣治「新憲法と自治監督」荻田保編『町村合併促進法施行一周年地方自治総合大展覧会記念地方自治論文集』(地方財務協会、一九五四年)二九頁。
(10) 参照、成田頼明「地方自治の保障」同『地方自治の保障』(第一法規、二〇一一年)一三一-二頁。
(11) 塩野宏「地方公共団体の法的地位論覚書き」同『国と地方公共団体』(有斐閣、一九九〇年)三七頁。
(12) 白藤博行「国と地方公共団体との間の紛争処理の仕組み」公研六二号(二〇〇〇年)二〇〇頁。
(13) 以上の点につき、白藤・同二〇六-八頁。
(14) 雄川一郎「機関訴訟の法理」同『行政争訟の理論』(有斐閣、一九八六年)四六八頁。
(15) 以上の点につき、雄川一郎「地方公共団体の行政争訟」前掲書四二六-七頁。わが国の裁判所で救済されるべき権利につき、参照、雄川・前掲注（14）四六五－四六六頁。

（16）参照、雄川・前掲注（15）四二八－九頁。

（17）参照、藤田宙靖「行政主体相互間の法関係について」同『行政法の基礎理論　下巻』（有斐閣、二〇〇五年）五九頁。

（18）参照、藤田・同七〇－一頁。

（19）以上の点につき、参照、藤田・同七五－八頁。

（20）小早川光郎「司法型の政府間調整」松下圭一ほか『岩波講座　自治体の構想二　制度』（岩波書店、二〇〇二年）六三頁。

（21）以上の点につき、小早川・同六七頁。

（22）Rudolf Gneist, die preußische Kreis-Ordnung, 1870, S. 4 f. 以下、KOとする。

（23）Rudolf Gneist, Verwaltung Justiz Rechtsweg, 1869, S. V.

（24）以上の点につき、vgl. KO, S. 9-11.

（25）KO, S. 212. 強調は省略。

（26）Vgl. KO, S. 190.

（27）Vgl. Rudolf von Gneist, Der Rechtsstaat, 1879, S. 140. 以下、RSとする。

（28）Vgl. KO, S. 205-207.

（29）以上の点につき、vgl. RS, S. 139-142.

（30）Vgl. KO, S. 207.

（31）Vgl. Christian Engeli/Wolfgang Haus, Quellen zum modernen Gemeindeverfassungsrecht in Deutschland, 1975, S. 468.

（32）参照、北住炯一『近代ドイツ官僚制と自治』（成文堂、一九九〇年）一一六－一三六頁。

（33）Georg Jellinek, Allgemeine Staatslehre, 3. Aufl., 1914, S. 627 f. 以下、ASとする。

（34）以上の点につき，vgl. AS, S. 637-642.

（35）Vgl. Georg Jellinek, System der subjektiven öffentlichen Rechte, 2. Aufl., 1919, S. 194 f. 以下，SR とする。

（36）以下の点につき，vgl. SR, S. 288-294.

（37）Vgl. SR, S. 227 f.

（38）Vgl. SR, S. 289, S. 125.

（39）Vgl. SR, S. 58, S. 83 f., S. 86.

（40）以下の点につき，vgl. Carl Schmitt, Verfassungslehre, 11. Aufl., 2017, S. 171-173. 以下，VL とする。

（41）Vgl. Carl Schmitt, Freiheitsrechte und institutionelle Garantien der Reichsverfassung, in: ders., Verfassungsrechtliche Aufsätze aus den Jahren 1924-1954, 2. Aufl., 1973, S. 148.

（42）以下の点につき，vgl. VL, S. 125-133.

（43）Vgl. Carl Schmitt, Der Hüter der Verfassung, 1929, S. 208 f.

（44）Vgl. Eberhard Schmidt-Aßmann, Die Garantie der kommunalen Selbstverfassung, in: Badura/ Dreier（Hrsg.), Festschrift 50 Jahre Bundesverfassungsgericht, Bd. 2, 2001, S. 812.

（45）以下の点につき，vgl. Klaus Stern, Das Staatsrecht der Bundesrepublik Deutschland, Bd. 1, 2. Aufl., 1984, S. 409 f. 以下，StR とする。

（46）Klaus Stern, in: Dennewitz/ders., Kommentar zum Bonner Grundgesetz, Art. 28（2. Aufl., 1964), Rn. 177. 以下，GG とする。

（47）以下の点につき，vgl. Klaus Stern, Der rechtliche Standort der Gemeindewirtschaft, AfK 1964, S. 92.

（48）GG, Rn. 177.

（49）StR, S. 409.

（50）Rainer Wahl/Peter Schütz, in: Schoch/Schneider/Bier（Hrsg.), Verwaltungsgerichtsordnung, §42 II, Rn. 93.

観念（Idee）から成る行政法学

――オットー・マイヤー法学的方法論についての一考察――

内藤　陽
（北海道大学）

はじめに

我が国の公法学の原点が、十九世紀後半～二〇世紀前半のドイツで誕生した諸々の学問体系にあることに異論はないだろう。そこでは、綺羅星の如き法学者たちが、当時理論的に先行していた私法学をモデルとして、我々にとっての基層となるところの公法学の体系を作りだした。そのうちの一人として、「行政法学の創始者」オットー・マイヤーの名を挙げることができる。現代日本の憲法学において も、公権力と法乃至法律の関係や、公法学上の様々な基礎概念、例えば「行政」・「法律」・「法規」・「執政」や「法治国（法治主義）」について論ずる際、しばしば彼の残した業績が参照されている。[1]

もっとも、日本では一九六二年の塩野宏による単行本以来、「オットー・マイヤーに関する本格的研究」[2]は行われておらず、また、その後ドイツで著されたマイヤー研究、及びこれと関連するドイツ公法学説史研究も十分にフォローされていない。それゆえ、マイヤー法理論とは、改めて本格的研究を行い、その理解の更新が検討されるべき学問体系のひとつであるといえる。

このような問題意識を前提としながら、本稿では論点を絞って彼の学問的方法論について検討を行いたい。その理由は、第一に、マイヤー研究において方法論は特に議論の蓄積がみられる領域だからであり、第二に、往々にして方法論こそ解明対象たる法学者の特徴が色濃く現れる論点であるが、マイヤーにもまたこのことがあてはまると筆者が考えているからである。

一　従来の理解と問題の所在

さて、マイヤーは『ドイツ行政法』(3)二版の序言で次のように語っている。

「人が私を『法学的方法』の代表者として呼ぶならば、そのことは、そこでその名に値する人間が他にはいないということを意味してはならない。私の方法は隠すことのできない特質を持っている。それは、現実の法の多様性において、表現・展開に至るところの、そして同時に歴史において変化・進歩するところの一般的法観念(4)(Rechtsidee)の力への信仰に基づいている(5)」。

本稿では、この記述に注目してマイヤー方法論の検討を行うことにしたい。

ただし、その作業に入る前にここでマイヤーが言及している「法学的方法」について確認しよう。従来の学説は次のように理解してきた。すなわち、当時のドイツ公法学で行われていたことは、一般に、哲学的や政治的考慮といった法外の要素を追放したうえで法的素材の確定を行い、そこから私法学に由来する諸々の法概念を構成し、それらによって先の素材を支配しうる完結した体系を生み出す論理的作業である。そこで確定されるべき法的素材とされたものが制定法、特に議会制定法たる法律であっ

た。このような学問の方法が「法学的方法」あるいは「実証主義」である、と。(6)

これまでのマイヤー方法論の検討はかような一般的理解を前提に行われてきた。そこでは、マイヤーは「法学的方法」論者であるが、当時は所与の法的素材としての法律に事実上の限界があったため、法の観念（Idee）を議論に持ち込んだ、と把握された。そしてこの点が、通常の「法学的方法」と一線を画すマイヤーの特質であり、先の記述はそれを言明したものと解釈された。例えば塩野宏は、マイヤーは、「ドイツ実定法規」の論理的操作によっては完結し得ない現実の法の状態を前にして、操作の補助手段としてフランス法概念を求め、さらにそれをドイツ法に取り入れるために「法の理念、正しい法の概念が、個々的な実定法に内在する非自然法的なものとして挿入」したと理解し、その点で、厳格な法実証主義者たるラーバントと比較してその主観性がより強く表面に表れている、と評している。(7)

けれども、現在のドイツ公法学研究の水準においては「法学的方法」・「実証主義」に関する従来の理解には問題があるとたびたび指摘されており、このことはマイヤーにおいても当てはまる。例えば、この研究領域をリードするヴァルター・パウリは、マイヤーについて次のように述べ、注意を促している。

「オットー・マイヤーの学問的プログラムもまた、そしてまさに、所与の諸規範の在庫を法律実証主義的に把握・解釈（Auslegung）することを第一義的に目標とはしていない。例えば国家権力や法治国家性が何を意味するのかということについての理論的かつ政治的な背景を取ることを伴う学問的実証主義の考えに沿って、彼にとって優先していたのは、後になって初めて部分的ではあれ制定法に受け入れられたところの、概念や類型の構築であった」。(9)

かようなパウリのマイヤー方法論理解は大筋において首肯できるものであるが、すると次に問題となるのは、それではマイヤーはどのようにそれらを構築したのか、ということになろう。

結論から先に言えば、この作業においてマイヤーが依拠したものが、「一般的法観念」(以下、単に法観念とする)(10)なのである。

本稿では以下で、「素材から、独特な観念論的かつ簡単には見通せない方法で看取される(11)」ところのマイヤーの法観念概念を分析することによって、右の問いに回答しようと思う。

二　法観念

(一)　法観念の内容

マイヤー法学理論において法観念は、例えば彼の思考の背後にあって記述に現れないようなものではない。彼の法学文献を一読すれば、至る所でその単語が使用されていることに気づくことができるだろう。実際のところ彼は、法の体系的展開と相互整序を行う法学とは、まさに法観念との関わり合いにおいて行われるべきものだ、と唱えていた。

それではその法観念とはどのようなものなのか(12)。

第一に、彼にとって法観念が、「現実の法の多様性において表現・展開に至る」というものであることについて検討しよう。

このことは、彼にとって、法観念はあくまで現実、すなわち所与の経験的事実のなかから認識すべきものであることを意味する。言いかえれば、法観念は現実において見出されるものでなければいけない。法学者の任務は、所与の世界、生活の事実にすでに内在している法観念を認識することである、とマイヤーは考えていた。つまり、「法学には新しい観念を世界に提出する能力は無い。すでに世界に存在する観念を正しく認識し・活用することを教えれば、その職務を果たす」のである。マイヤーは歴史学の綱領に従った論者たちは、まさにこの作業を果たしていた法学者である、と評していた[13]。

第二に検討されるのは、マイヤーが法観念を「歴史的に変化・進歩する」ものだと考えていたことの意味である。

このような把握は、なによりもマイヤーが経験的事実とは別に存在し・むしろそれらに対して妥当するところの理性原理に基づくところの自然法論を否定していたことと関連する。理性原理は独立して不変の価値を持つものである。しかし、法観念とは決して永遠の真実ではないのである。

このことから容易に察せるように、諸々の法観念には法学的価値においてその時点での優劣が存在する。つまり、ある法観念が特定の時代においては相応しきものであったとしても、別の時代においてもそうであるとは限らない[14]。「生まれた法は、まさに自らの内に更なる転換の兆しも衰退の兆しも孕んでいるのである。作動的法観念は力ですらある、重要なのはそれを認識することである」[15]。時代遅れとなった法観念は、彼にとって克服すべき対象として理解された。むしろ、かような法を観察しその現在における連関を暴露することを彼は法学者の仕事であると論じていた[16]。

では、どのようにしてそれぞれの法観念の価値を評価すればよいのだろうか。

このことについて決定的な基準となるのは、その法観念の現実との関係性における質であり、つまり、現実的に有用（brauchbar）であるかないか[17]において判断するというのがマイヤーの主張であった。それゆえマイヤーの法学文献ではありとあらゆる場面で、対象の事項について、具体的な事実の顧慮に基づいた「法の現実に相当しているかどうか[18]」という判断・評価の作業が行われることとなった。その作業の具体的内容は、性質に応じて当然際限なく多様なものとなる。具体的には、例えば、法制度中の諸要素についての制度目的への適合性の検討であり、判例や行政実務への考慮であり、事物の本性論であり、ついには一般に法外の要素とみなされるはずの経済的・社会的見解が根拠として持ち出されることすらあった。

かような作業の融通無碍性の問題はともかくとして、こうして法観念はその質が判断され、つまり先ほどのマイヤー自身の言葉で表現すれば、「正しく認識」される。そしてこの法観念に依拠して、マイヤーはその「活用」、つまり概念や類型の構築を行ったのである。

マイヤーは「法概念は、やはり法学の特別の用語での社会的事実の再現以外のなにものでもない(19)」、と述べている。しかし、その「社会的事実」とは現実のありのままの全体ではない。法学にて再現される法的素材としての「社会的事実」とは、そこに内在する法観念の評価を通じて選別が行われるべきものである。そうして選出された「社会的事実」について、法学的用語による定義でもって再現されているものが法概念なのである(20)。一方で、こうして構築された法概念は当然のことながら時代に相応しい正しき法観念を内に含むものであり、その一種の表現ともいえる(21)。それゆえマイヤーは、例えば、行政行為を意味するところの官憲的行為とは、今日の法が行政のために形成した観念であると述べたり(22)、「法学によって観察される諸々の法主体の諸々の法的関連(23)（Rechtsbeziehungen）を提供するところの沢山の素材を支配するための、法学の補助手段である」ところの法制度を、「観念の現象形式（Erscheinungsform）」と述べたのである(24)。

次のマイヤーの叙述は以上のような法観念論を明確に表している一節といえよう。

「私にとってはただ体系の展開が本質的に学問の事項であるように見える。いずれの形成された法秩序にも体系、すなわち相互に噛み合わされる法観念の上手に組み立てられた構造が存在するのである」[25]。

特定の事実に内在する現実的に有用な法観念を認識し、それを法学的概念や類型に「移行」（シュトライス）させ、それでもって体系を形づくること。これがマイヤーにとっての法学なのであった。

（二）素材としての「経験的事実」

前節で述べたような作業でもって、マイヤーは、法観念から法概念を構築し体系化するわけであるが、本節ではその法観念の認識の対象たる「経験的事実」の範囲について検討をしておこう。

まずはやはり制定法である。マイヤーは多くの法律や命令といった制定法を自らの主張の根拠として挙げている。しかし、決して制定法だけを観察の素材として把握したのではなかったという点がヨリ重要である。

その例として「損失補償の観念」（海老原明夫）についての議論を参照しよう[26]。マイヤーは、損失補償について、まず『ドイツ行政法』の初版において「近代国家における市民的権利の保護を『特別の犠牲』という観念によって理論的に確立」するために、そのような一般的な法命題が制定法、そしてそれが無くとも慣習法として学説や実務に根付いていることを主張していた。しかし、そのような慣習法は普通法においても歴史においても実際には存在していなかったという指摘をアンシュッツらから受けた。すると、『ドイツ行政法』の三版において彼は、制定法としての命令だけでなく、慣習法、類推（Analogie）、そして「所与の法命題を操作することによって、それどころか新しい法命題を認識することさえして、裁判で妥当させられるところの固有の法曹法（Juristenrecht）」をも持ちだして、損失補償の一般法観念（gemeinsame Rechtsidee）は実在していると主張したのである[27]。

この主張に見られるように、マイヤーにとって制定法とは決して唯一の観察すべき「現実の法」ではなかった。彼はたとえ制定法において存在する概念や類型だろうと自らの体系に組み入れることを拒絶できたし、あるいは、公所有権のように法律に明文化されていなくても、それこそが「正しい法」であるとして、法学上認めるべきであることを強く主張したのであった(28)。

最後に取り上げたいのは、マイヤーにとってその認識の対象たる「経験的事実」の範囲はドイツという地域に限定されていなかったということである。彼は公法における観念について、それはヨーロッパの「文化国家」に共通する共有財産であると考えていた。そして、この「文化国家」の代表がフランスなのであった。

「ヨーロッパの諸民族の一党（Völkerfamilie）の精神的連関が示される事柄に、もしかしたら公法の観念以上のものはないのかもしれない。その際に、我々ドイツ人は疑いようもなく、むしろ模倣者、受取人の立場にある。このことは、とりわけフランスに対してそうなのである(29)」。

マイヤーによれば、フランスの法発展においては、その民族的性質に応じて、例えば権力分立のような公法の観念が純粋な形で表出しており、それはかの国の姉妹国家たるドイツにとっても「教訓的」なものである、とされる。

このような理屈によって、彼はフランスの法現実を観察し、そこで認めた法観念を通じて、かの国の様々な法学的概念をドイツ公法学に積極的に導入することに成功したのであった。

（三）小括

ここまでのまとめとして、マイヤーはどのように法概念等を構築したのか、という本稿で定立した問いに回答しよう。彼は、制定法に限定されず・そして国境を超えた経験的事実を観察し、そのうちからそこに内在しているとされる法観念の評価を通じて法的素材とすべきものを確定し、それを法学の用語で表現したのである。こうして産み出された諸々の法概念によって作り出されたものが、マイヤーのドイツ行政法学体系なのであった。

おわりに

本稿で明らかにされた「法学的方法」を採用した結果、マイヤーは、当時の一般ドイツ国法学もまたそうであったように、諸ラントが多様な行政法律を定立している中で、「少なくともここで行われるべき学問的取り扱いにおいて標準的な諸々の基礎観念において、我々の共通の文化の所産である[30]」ところの一般ドイツ行政法学を作り上げることに成功した。

マイヤー自身もまさにこの成果をもって、自らの方法論を次のように自画自賛している。「かような観念を散漫で不確かなドイツ行政法においても追い求め、而してそれを浮かび上がらせ・示したことは、きっと相当良いことであったに違いないのである[31]」。

ところで冒頭でも述べたように、学説史上の観点からすれば、我々の公法学はマイヤーをはじめとする当時のドイツの法学者たちによって切り開かれた一般公法学というディシプリンを学び、発展してきた。これは行政法学においても憲法学においても事情は変わらないであろう。

そして特に、現代の我が国の公法学において取り入れられている比較法的手法において、かつての一般公法学の方法論が原点にあることは間違いが無いように思われる。

現代日本において、各論者は他国の法現実を観察し、学ぶべき素材を認識し、そのエッセンスを抽出して概念化し、それを日本法に妥当させることを試みている。かような作業が何故成立するのか。それは、マイヤーが法観念と呼んだものに相当する何かについて、我々がその存在を暗黙の前提としているからではないだろうか。しかし、もし仮にそうであった場合、その何かは本当に我が国の公法学者にとって共通しているものなのだろうか。これらの問題を検討することは、我々自身の学問のありかたの特質を認識し省察することにつながるだろう。

（1）塩野宏『オットー・マイヤー行政法学の構造』（有斐閣、一九六二）。以下、塩野『構造』とする。
（2）塩野宏「マイヤー」伊藤正己編『法学者 人と作品』（日本評論社、一九八五）五〇頁。
（3）『ドイツ行政法』の書誌情報は、Otto Mayer, Deutsches Verwaltungsrecht, Bd. 1, 1. Aufl., 1895, 2. Aufl., 1914, 3. Aufl., 1924; Bd. 2, 1. Aufl., 1896, 2. Aufl., 1917, 3. Aufl., 1924. 以下これをDVと略すが、例えば、DV1-2は『ドイツ行政法』初版の二巻を指す。また以下の脚注において、マイヤーの著作については、その著者名は単にOMと表記する。
（4）Ideeはこれまで「理念」、「イデー」、「思想」、「観念」等と訳されてきたものである。なお、月例研究会の質疑応答では、この訳語選択について質問を受けた。その後、本稿執筆時点では、マイヤー自身がこの記述に続いて、Rechtsideeの力への信仰はヘーゲルから影響を受けた事柄であると述べており、現代日本のヘーゲル研究ではIdeeは「理念」と一般に訳されていることを重視すれば、「理念」が少なくとも学説史的観点からは相応しいのではないかと考えている。ただし、この点について最終的な結論を出すためには、マイヤーとヘーゲルそれぞれのIdee論を内容上も比較検討することが必要であるので、本稿では、さしあたり月例研究会で行った報告のまま「観念」と訳す。

（5）DV^{2}- 1, S. VIII.

（6）以上のような「法学的方法論」或いは「実証主義」に対しては、それまでの国家学的方法から脱却したことについて積極的な評価がなされる一方で、法概念及びその操作の形式性の問題や、提出された体系の非完結性・現実の制定法秩序と比較した不十分性の問題、そして現実追認的イデオロギー性が指摘されてきた。例えば、参照、石川敏行「ドイツ公権理論の限界（二・完）」法学新報八六巻七～九号（一九八〇）一六一頁以下。

（7）参照、塩野『構造』四頁、六二頁。

（8）そもそも、すでに塩野『構造』においても「法実証主義の多義性」は認められたところであった。

（9）Walter Pauly, Wissenschaft vom Verwaltungsrecht: Deutschland, in: Armin von Bogdandy/ Pedro Cruz Villalón/ Peter Michael Huber（Hrsg.）, Handbuch Ius Publicum Europaeum, Bd IV, 2011, S. 58. なお、法律実証主義／学問的実証主義の使い分けの問題にはここでは立ち入らない。

（10）なお、マイヤーは例えば「近代国家」「法治国」「権力分立」といった概念については、注意深く単に観念と表現している。

（11）Michael Stolleis, Entwicklungsstufen der Verwaltungsrechtswissenschaft, in: Wolfgang Hoffmann-Riem/ Eberhard Schmidt-Aßmann/ Andreas Voßkuhle（Hrsg.）, Grundlagen des Verwaltungsrecht, Bd. I, 2. Aufl., 2012, S. 90.

（12）以下の検討は、Alfons Hueber, Otto Mayer. Die "juristische Methode" im Verwaltungsrecht, 1982, S. 24 ff.; Erk Volkmar Heyen, Otto Mayer. Dtudien zu den geistigen Grundlagen seiner Verwaltungsrechtswissenschaaf, 1981, S. 95 ff. を参考としている。

（13）OM, Portalis und die organischen Artikel, Rede gehalten zur Feier des Geburtstages Sr. Majestät des Kaisers am 27. Januar 1902 in der Kaiser-Wilhelms-Universität Strassburg, S. 7.

（14）このようなものの例として国庫理論が挙げられる。Vgl., OM, Selbstdarstellung, in: Hans Planitz（Hrsg.）, Die

Rechtwissenschaft der Gegenwart in Selbstdarstellung, 1924, S. 164 f. また、参照、塩野『構造』二二四頁。

(15) OM, Zur Frage der reichsrechtlichen Regelung des Vereinswesens, DJZ 3, 1898, S. 213.

(16) OM, Justiz und Verwaltung, Rede zum Antritt des Rektorats der Kaiser-Wilhelms-Universität Strassburg, 1902, S.4.

(17) Vgl., Hueber, a.a.O.（Anm. 12), S. 24.

(18) OM, a.a.O.（Anm. 14), S. 157.

(19) OM, Die juristische Person und ihre Verwertbarkeit im öffentlichen Recht, in: Staatrechtlichen Abhandlungen, Festgabe für Paul Laband zum Fünfzigsten Jahrestage der Doktor-promotion, Bd. 1, 1908, S. 3.

(20) マイヤーによれば、法概念はたとえ対象の「社会的生活の秩序」が曖昧さを残していようと「確かに定義された概念」でなければいけない。曖昧な定義づけをすることは許されない。Vgl., OM, Rezension zu; Ludwig Spiegel, Die Verwaltungsrechtswissenschaft, AöR 25, 1909, S. 490.

(21) かような発想を、フリッツ・フライナーも受け継いでおり、次のように明確に論じている。すなわち、あらゆる法はそのうちに「法思想（Rechtsgedanke)」を孕んでいるのであり、この法思想のひとつの側面を、実定法の法命題は表現している。そして、「実定の法規則から、偶然のもの、すなわち変化する事実の状況によって条件づけられたものをはぎ取り、そうして一般的法思想をむき出しにすることが法学の任務である」。Vgl., Fritz Fleiner, Institution des deutschen Verwaltungsrechts, 8. Aufl., 1923, S. 56 f.

(22) DV^{1-}1, S. 64

(23) DV^{1-}1, S. 134; DV^{2-}1, S. 116; DV^{3-}1, S. 113.

(24) 例えば、OM, Die concurrence déloyale, ZGH 26, 1881, S. 364;「…無形の知的な物も法主体の独占的意思支配の対象でありうるという観念であり、そして、我々の新しい諸々の〔著作権や発明、商標や図案に関する保護についての〕法制度はこの観念の様々な現象形式以外の何物でもない」。OM, Eisenbahn und Wegerecht I, AöR 15, 1900, S. 519;「鉄道の線路敷設権（Wegeverlegungsrecht）は公法のヨリ広範囲な観念の現象形式でしかない」など。

(25) OM, Rezension zu; Julius Hatschek, Englisches Staatsrecht mit Berücksichtigung der für Scottland und Irland geltenden Besonderheiten, ZgS 63, 1907, S. 546.

(26) 海老原明夫「損失補償と特別の犠牲（一）」ジュリスト九八三号（一九九一）十二頁、「同（二）」ジュリスト九八四号（一九九一）十三頁。また、参照、塩野『構造』六六頁注（一）。

(27) Vgl., DV^{3-} 2, S. 299 f.

(28) もっとも、「法学的観念は決して常に勝利を収める永遠の真実ではない」ことをマイヤーは認めている。なぜなら、「法学的観念がもたらさんとする法学的思考の優れた明確性や一体性は、欠くことのできない生活必需品ではない」からである。OM, Der gegenwärtige Stand der Frage des öffentlichen Eigentums, Vortrag gehalten in der Wiener Juristischen Gesellschaft am 6. März 1907, AöR 21, 1907, S. 522.

(29) DV^{1-} 1, S. 55.

(30) DV^{2-} 1, S. 21; DV^{3-} 1, S. 21.

(31) DV^{2-} 1, S. VIII.

書評

徳永達也『国家のシンボルとシンボリック・スピーチ』（成文堂、二〇二〇年）

長峯信彦
（愛知大学）

一　憲法上保障されるべきspeechとは

著者・徳永達也氏の意欲的な研究成果である。書名を直訳すれば「国家の象徴と象徴的表現」である。紙幅の関係から「シンボリック・スピーチ」はSSと略し、時に「象徴的表現」の語も使うこととする。かつてアメリカの法実践の場においては、連邦憲法第1修正（First Amendment）の「言論（表現）の自由」（freedom of speech）として保障されるのは、あくまでも「純粋の言論」（pure speech）であって、conductやactionを伴うspeech plusは含まれない——言論（speech）・行動（action）二分論——という考え方が支配的だった。しかしこのような二択思考では、国旗焼き棄て表現はpureなspeechでないが故に保障されないという単純な結論に終わってしまうだけだった。これに異議を唱えたのが表現の自由論の大家Thomas I. Emersonであった。Emersonは、排除される行為の中にも保障されるべきspeechが含まれるとし、ある行為が「表現（expression）」と「行動（action）」のどちらの要素が優越しているのかで判断すべき、と説いた。要するに国旗焼き棄てのような象徴的表現を憲法上保障されるべき領域に加える、という実践的意図に基づく提唱である。このEmersonに準拠する本書の分析姿勢は、表現の自由論にとって大変有益なものと思われる。

二　国家の権力と威光を象徴する「国家シンボル」

著者は国家シンボルを用いたSSを扱うわけだが、なぜ著者が「国家シンボル」にこだわるのか、その理由をこう述べる。本書は「多種多様なシンボルの中から、その固有の意味づけに国家の権力と権威が密接にかかわっていると考えられる特殊なシンボルのみを抽出し、それらを『国家シンボル』と総称し仮説的に分類することで、『国家シンボル』に備わる特別な文脈（一定の態度に特定の意味を与える特別な文脈）とそれに備わる伝達機能を、国家権力の具体的な発現すなわち法規範との関係から読み解く」（一一六頁）という。では国家シンボルとそれ以外のシンボルとはどのように異なるのだろうか。『国家シンボル』と他のシンボルとが決定的に異なる点は、それは、例えば、星条の柄の手旗と白や赤の手旗が異なるように、そのシンボル、この場合は、旗が創設される過程において国家の権力と威光を強力に表象するようにさせようとする強力な思惑が直接的に作用していたのかという点である」（一一六頁）。この著者の問題意識は、SS論において極めて重要かつ適切なものであろう（この点筆者・長峯とも問題意識を強く共有する）。SS論においては、単に寝そべって行なわれる身体表現や何かを焼却する行為にも一定の意味はあろうが、国家の権力と威光を背負った物体（筆者はかつてこれを「権威的表象物」と名付けた）を扱う表現にこそ核心的焦点を当てなければ意味はないだろう。その点、本書が鮮明にしている問題意識は高く評価でき、本書の一大特長と言ってよいだろう。

三　国旗以外の「国家シンボル」とは？

本書の価値論的方向性は大変有益かつ適切である。その上で、若干の問題点を指摘させていただきたい。著者は国旗（星条旗）を素材に論ずると述べるが（一九頁）、国旗以外の「国家シンボル」がどのようなものなのかについては微かに言及するのみである。「本書は多種多様に存在するシンボルの中から、その固有の意味づけに、国家の権力と権威が密接にかかわっていると考えられる特殊なシンボルのみを抽出」すると述べる（一一六頁）。ここで鵜飼信成を註で引用し、それは「感覚的に知覚し得る対象として、主権や国家権威を体現しているもので、例えば国旗、印璽、紋章、王冠など」のことで、憲法上の制度や目的、国家的な歴史的事件、祝日などがそれに数えられる」（註3）という。そして「それらを『国家シンボル』と総称し仮説的に分類することで、『国家シンボル』に備わる特別な文脈（一定の態度に特定の意味を与える特別な文脈）とそれに備わる伝達機能を、国家権力の具体的な発現すなわち法規範との関係から読み解く」一一六頁）と述べる。国旗がＳＳ論において極めて重要な地位を占めることは明らかだが、果たして国旗のみが別格なのだろうか。この点本書の立場はわかりづらい。アメリカ憲法の議論では、鵜飼が云う（国王の）「印璽、紋章、王冠」等は縁がないものの、それ以外の「国家の権力と権威」を表象する物体や制度が「国家シンボル」として機能することはしばしばあると思われるのである。たとえば戦争参加命令の象徴たる「徴兵登録証書（徴兵カード）」（ヴェトナム戦争時には選抜制ながら義務兵役が採られていた）、あるいは教室で日常的に繰り返されている「忠誠宣誓」（一一八頁以下、一五九頁も）。これらはいずれも国家の権力と威光がなければ意味を持たない書類や制度である。徴兵証書焼却に関する有名なO'Brien 事件において、焼き棄て対象がなぜ「徴兵証書」だったのか、についての明確な位置づけがない点（七五頁以下）は悔やまれる。この場合、焼き棄て対象となる「物体」の意味こそが重要なのではないだろうか。ただの雑紙を衆前で燃やしても意味はなく、SS論の俎上には乗らない。著者は「何かを燃やすという態度に備わったシンボルとしての機能」そのシンボルそのものに備わった思想伝達機能」（八四頁）と述べるが、まさにその《シンボルの意味・実質》こそが——すなわち「徴兵証書」という物体の持つ象徴的意味こそ——が当該焼き棄てに「憲法上の表現としての価値」を与えるのである。著者は『国家シンボル』に備わる精神的影響力」（二三四頁）と述べるなど、内容は十分に認識・理解しているはずだが、ここは是非とも明確に言語化するべきではなかったか。なぜならこの実質内容こそが国家シンボルの要諦だと考えられるからである。

四　「conduct≠態度」の訳

本書で一貫して気になるのは、conductの訳を「態度」とする点である。「本書ではこの表情・身振りによる思想の表明の一般を指して態度と呼んでいる」（一二頁）とし、「まわりの人にも見える又は感じられるそぶり」が「態度」だと述べる（五三頁）。日本語ではこの説明が成立する場面も一部にあろうが、アメリカ憲法の議論ではconductは明らかに外形的行為を前提にした語である。他方日本語では「彼は微動だにせず上官を睨み続け、抗議の態度を目で表現した」という例文が可能なように、外形的行為（conduct）もなく動的行動（action）もない状態で、抗議という意思を「態度」で表示する状況が日本語では十分あり得る。もし「conduct≠態度」という意味領域を設定してしまうと、「目つき・表情のみ」によって抗議を伝える状況（外形的行為を含まない態度）が「conduct」領域に入ってきてしまうことになる。これでは概念の混乱を相当招くのではなかろうか。訳語の選定は行論上の概念設定に関わる重大事なので、あえて問題提起しておきたい。

白水　隆『平等権解釈の新展開―同性婚の保障と間接差別の是正に向けて』（三省堂、二〇二〇年）

茂木洋平
（横浜桐蔭大学）

白水隆『平等権解釈の新展開―同性婚の保障と間接差別の是正に向けて』（同書）の関心は、複雑な差別構造の解決のために平等権解釈に間接差別法理を如何に組込むのかにある。[1] 同書によれば、日本の憲法学説の平等権解釈の焦点は直接差別（法令の文面上、何らかの区別事由を明示し、区別（差別）を生じさせる差別形態）にあり、間接差別（法令の文面上、何らの区別事由を明示していない、または、一見すると中立的な区別事由を用いるが、当該法令を適用した結果、特定の範疇に属する個人または集団に不均衡な割合で不利な影響をもたらす差別形態）にはなかった。同書によれば、差別構造が複雑な現代では間接差別も問題であり、それを憲法の平等概念に如何に位置づけるのかの検討は不可避である。

同書は、四部構成でこの問題を検討する。第一部の概要は以下の通りである。日本の判例と学説は憲法十四条の解釈につき、ある区別の正当化方法（直接差別を念頭に置く審査基準の策定）を主眼とし、同条が禁止する差別の中身をほぼ検討しない。平等権が存在意義を持つには、平等保護条項が禁止する差別の意味が問われるべきである。合衆国の差別的意図法理では、中立的文言を用いる法律が人種等の一定の範疇の人々に不均衡な結果を生じさせても、国の差別的意図が立証されなければ、平等権侵害を認定できない。他方、カナダ最高裁の判例法理は、人権憲章十五条一項が重視するのは法の結果であり、実質的平等権概念の採用を強調した。平等権侵害は広く開かれた制度からある者たちを排除して不利益を課すことであり、実質的平等権はその不利益により主張者に如何なる影響を及ぼすのかを重視する。

第二部の概要は以下の通りである。カナダ最高裁は実質的平等を重視し、同性婚を是認した。実質的平等では、婚姻制度からの同性愛者の排除が尊厳を貶めるのかが問題となる。同性婚の禁止という性的指向による直接差別に対し、差別の疑わしい範疇や比較対象グループの特定以上に、平等権侵害の主張者の状況の考慮が重要だと実質的平等権は示す。同性愛者の権利を制約する事例と同性婚禁止に関わる事例で、合衆国最高裁は同性愛者へのスティグマや尊厳の貶めを理由に、違憲判断を下した。日本でも、パートナーシップ制度等の改善で婚姻が認められないことによる不利益が解消されても、権利利益の性質以上に、尊厳の価値からの権利利益の重要性の考察が求められる。誰もが参加できる婚姻制度からの同性カップルの排斥は、その尊厳を害し平等違反となる。

第三部の概要は以下の通りである。合衆国と日本は、間接差別を憲法ではなく法律の次元で採用する。両国の対応は、間接差別を法律で徐々に撤廃する漸進的なものである。間接差別法理を憲法上の要請と捉えるべきか否かは、平等権解釈で、どこまで法律のもたらす結果を重視するのかと結びつく。カナダ最高裁は間接差別を憲法の平等概念に組込む。間接差別は差別が一つではなく複数の形態で現れることを示しており、これを憲法の平等概念に組入れると、日本でも差別とされなかった事例が実は差別だと考える視座を与える。間接差別の認定に重要な視点は、問題とされた法で生じる不利益が差別的であるか否かである。統計証拠に差別的要素が見出せるか否か、法の適用により（差別的意図ではなく）結果として、偏見を永続させる不利益が生じているか否かで、間接差別を認定すべきである。

第四部の概要は以下の通りである。日本の学説は平等権の審査に際し、区別事由の性質と侵害される権利利益の性質を考慮し、審査密度を判断する。だが、制約される権利利益が平等条項以外から直接導出されなかったり、そもそも制約とみなされない場合、平等権は問題となる事例に対処できない。問題の本質が区別により不利益を受ける者への差別にあると捉えると、検討されるべきは制約されている権利と利益の重要性ではなく、区別による結果である。区別が偏見を永続させる形で不利益を作り出しているか否かが問われるべきである。この見解は、非嫡出子法定相続分の別異取扱が「権利利益の問題を超えた地位ないしスティグマの問題に関わることを指摘」する言説と親和性を持つ。

差別構造が複雑な現代社会では、直接差別を念頭に置く日本の判例・学説の平等権へのアプローチでは、差別だと捉えられずに見過ごされる問題がある。同書の意義はカナダ判例理論と学説による実質的平等の重視の姿勢と間接差別の概念を用いて、この問題の解決を図るところにある。日本では憲法十四条一項の禁止する差別の内実の検討が不十分だが、同書はその解明に取組む意欲的作品である。また、審査基準論から平等の問題にアプローチしていたことから分かるように、評者も含め日本の学説の多くは合衆国の議論を参照した。同書があまり着目されなかったカナダの平等権法理を体系的に分析し、それの日本への応用可能性を説くことは、日本の平等権解釈に新しい視座を与え、その発展に大きく寄与する可能性がある。民法七五〇条の憲法適合性が問われた訴訟では、同条の間接差別違反が主張されたこともある。間接差別の概念の解明は実務上も重要な課題であり、その課題に体系的に取組んだ業績は日本にはなく、同書は実務にも大きな意義を持つ。

平等審査に際し侵害される権利利益の性質に着目する日本の学説の傾向に対し、同書は問題は差別にあり、区別が偏見を永続させる形で不利益を作り出しているのかを検討すべきとする。この論理は、平等審査に際しスティグマを問題視する見解と親和的である。平等審査の際に侵害される権利利益を重視すると、各権利利益の問題として処理され、平等保護条項の法的意味は薄れる。学説はスティグマを問題視して平等保護条項に法的意味を持たせることに努めており、同書もこの学説の流れにある。

同書は、平等審査の際に尊厳や偏見といった抽象的要素を重視する。この論理は非嫡出子法定相続分の別異取扱の憲法適合性をめぐる文脈で、多くの学説といくつかの裁判官の意見が区別により生じる非嫡出子への差別の助長を懸念したことに現れている。だが、差別意識はとどまりを知らず、平等審査の際にそれらの要素に大きく依拠することに警鐘が鳴らされている(2)。

差別意識を問題視する日本の学説は、平等保護条項がスティグマ(劣等性の烙印)を課すことの禁止だと理解する合衆国の理論に依拠する。合衆国でこの理論が展開された背景には、スティグマが基本権の制限やその行使を妨害する行為の助長、嫌悪感情から生じた人種分離制度の構築と密接に繋がり、権利利益を超えてスティグマを問題視し、平等保護条項に法的意味を認めざるを得ない状況がある。同書のように平等審査の際に尊厳や偏見などに重要な役割を担わせるには、平等保護条項に法的意味を認めざるを得ない状況を論証すべきである。著者のこれからの研究に期待したい。

(1) 同書の書評として、大林啓吾「飽くなき贖罪を超えて:『平等権解釈の新展開』の禊」法学論集(千葉大学)三四巻三・四号(二〇二〇)一一二頁、巻美矢紀「書評」自由と正義七三巻三号(二〇二二)六一頁参照。

(2) 蟻川恒正「最高裁判例に現れた『個人の尊厳』―婚外子法定相続分最高裁違憲決定を読む―」法学七七巻六号(二〇一四)一頁、一八頁。

憲法理論研究会活動記録

（二〇二〇年六月～二〇二一年五月）

一　研究活動

(1)　概観

二〇二〇年六月からの年間テーマを「憲法と市民社会」として研究活動を行った。コロナ渦のため、二〇二〇年八月に予定されていた夏季合宿研究会は中止を余儀なくされた。また、総会及び月例会すべてZoomを用いたオンラインでの開催となった。一方、これを奇貨として、従来であれば、報告の機会を設けることが難しかった関東近辺以外の会員にも広く報告を依頼することが可能となった。

(2)　月例会

二〇二〇年

《九月例会》（九月一九日、Zoomによるオンライン開催）

【報告者】大野悠介会員（下関市立大学）「『消費者』の二重性と国家」／塚林美弥子会員（東京学芸大学）「フランス『連帯（solidarité）』概念の憲法学的考察―『社会保護への権利』の観点から」

《一〇月例会》（一〇月一〇日、Zoomによるオンライン開催）

【報告者】小西洋之会員（参議院議員）「非科学の『解釈変更』と学術の使命―日本学術会議『軍事的安全保障研究に関する声明』の憲法学的考察」／望月穂貴会員（早稲田大学・院）「アメリカ連邦議会による安全保障の立法的統制」

《一一月例会》（一一月二一日、Zoomによるオンライン開催）

【報告者】棟形康平会員（九州大学・院）「フランスにおける暴力行為の理論の展開―学説の議論状況を中心に―」／横堀あき会員（北海道大学）「地方自治体の出訴可能性―ドイツ地方自治学説を素材として―」

《一二月例会》（一二月一九日、Zoomによるオンライン開催）

【報告者】右崎正博氏（獨協大学名誉教授）「表現の自由の現代的課題」／山田隆司会員（創価大学）「勝訴する政治家の対メディア名誉毀損訴訟―『現実的悪意の法理』導入の可能性再論」

二〇二一年

《三月例会》（三月二〇日、Zoomによるオンライン開催）

【報告者】河嶋春菜会員（帝京大学）「感染症患者の入

院制度と人身の自由」／朱穎嬌会員（京都大学・院）「人間の尊厳と社会連帯の規範的意義に関する考察――ケアをめぐる社会的リスクを中心」

《四月例会》（四月一七日、Zoom によるオンライン開催）

【報告者】内藤陽会員（北海道大学）「観念から成る行政法学―オットー・マイヤー〝法学的方法〟論についての一考察―」／兵田愛子会員（関西大学）「ルネ・カピタンの議院内閣制論―議院内閣制の目的、民主主義との関係―」

(3) 春季研究集会「市民社会の現在と憲法」（二〇二一年五月一六日、Zoom によるオンライン開催）

【報告者】守矢健一氏（大阪市立大学）「『学問の自由』考察の上での留意事項」／大林啓吾会員（千葉大学）「彷徨う民主主義―アメリカの政治的分断と司法」／遠藤美奈会員（早稲田大学）「雇用の階層化と市民社会」／水谷瑛嗣郎会員（関西大学）「ポスト・トゥルース時代を『漂流』する『個人』―プラットフォームによる『自由』の可能性」

【司会】青野篤会員（大分大学）・松原幸恵会員（山口大学）

(4) 憲法理論叢書二八号『憲法学のさらなる開拓』が二〇二〇年一一月に敬文堂より出版された。本郷には、二〇一九年六月から二〇二〇年五月までの研究報告と活動の記録などが収められている。

二　事務運営

(1) 概観

二〇二〇年六月から一〇月までの事務運営は、二〇一八年一〇月に発足した運営委員会、加藤一彦運営委員長（東京経済大学）及び斎藤一久事務局長（東京学芸大学）によって行われた。

二〇二〇年七月に郵送により運営委員会選挙が行われた。一〇月に開催された運営委員会において、運営委員の互選により内藤光博会員（専修大学）が新運営委員長に選出され、同日の臨時事務総会において、髙佐智美会員（青山学院大学）が新事務局長に選出された。二〇二〇年一一月から二〇二一年五月までの事務運営は、この体制で行われた。

(2) 事務総会

a　郵送投票による事務総会（二〇二〇年七月一一日）

二〇二〇年五月に予定されていた事務総会の代替として実施された郵送投票の開票が選挙管理委員により

実施され、一三名の入会申込、二〇一九年度決算及び二〇二〇年度予算案、及び会計監査につき、江藤英樹会員（明治大学）から水谷瑛嗣郎会員（関西大学）への交代が承認された。

b　臨時事務総会（二〇二〇年一〇月一〇日、Zoomによるオンライン開催）

運営委員会での審議に基づいて、任期満了により加藤一彦運営委員長が退任し、運営委員の互選により内藤光博会員（専修大学）が次期運営委員長に選出されたことが報告された。

また、任期満了により斎藤一久事務局長が退任したことに伴い、髙佐智美会員（青山学院大学）が次期事務局長として選出され、一名の入会申込が承認された。

さらに三名の退会申出、事務員の交代（二〇二〇年一〇月に田中美里会員（一橋大学・院）が退任し、小林宇宙会員（一橋大学・院）が就任）、憲法理論叢書編集委員会の交代（編集委員長が志田陽子会員（武蔵野美術大学）から大津浩会員（明治大学）へ、編集委員が植村勝慶会員（國學院大學）、根田恵多会員（早稲田大学・院）、馬場里美会員（立正大学）から、斎藤一久会員（名古屋大学）、實原隆志会員（福岡大学）、土屋仁美会員（金沢星稜大学）へ）、憲法理論叢書27号『憲法学のさらなる可能性』が一二月に刊行予定であること、今後の研究活動について報告された。

c　通常事務総会（二〇二一年五月一六日、Zoomによるオンライン開催）

八名の入会申込、二〇二〇年度決算及び二〇二一年度予算案について承認された。

また、二〇二二年五月まで研究総会および月例研究会をオンラインで実施すること、事務局員の交代（二〇二一年五月に小川有希子会員（帝京大学）が退任し、橋爪英輔会員（常磐大学）が就任）、二名の退会申出が報告された。

(3)　運営委員会

a　構成

この期の運営委員会は、二〇二〇年七月に発足した以下の運営委員によって構成されていた。

愛敬浩二（早稲田大学）、青井未帆（学習院大学）、赤坂幸一（九州大学）、新井誠（広島大学）、池田晴奈（近畿大学）、石川裕一郎（聖学院大学）、植松健一（立命館大学）、江島晶子（明治大学）、大河内美紀（名古屋大学）、岡田順太（獨協大学）、加藤一彦（東京経済大学）、木下智史（関西大学）、栗田佳泰（新

潟大学）、斎藤一久（名古屋大学）、齊藤正彰（北海道大学）、佐々木くみ（東北学院大学）、宍戸常寿（東京大学）、志田陽子（武蔵野美術大学）、髙佐智美（青山学院大学）、只野雅人（一橋大学）、寺川史朗（龍谷大学）、内藤光博（専修大学）、牧本公明（松山大学）、毛利透（京都大学）、山元一（慶應義塾大学）〔なお、任期は二〇二二年一〇月まで。この運営委員会は、二〇二〇年七月一一日の選挙で選ばれた委員及び七月二五日の推薦運営委員会候補者選考会議で選考された委員で構成されている。〕

b　二〇二〇年度第二回運営委員会（二〇二〇年一〇月一〇日、Zoomによるオンライン開催）

内藤光博会員（専修大学）が次期運営委員長に選出された。髙佐智美会員を事務局長候補者として臨時総会に提案することが承認された。今後の研究計画（二〇二〇年一一月・一二月例会、二〇二一年三月例会）、一名の入会申込、事務局の交代（田中美里会員（一橋大学・院）から小林宇宙会員（一橋大学・院）へ）、憲法理論叢書編集委員会の交代（編集委員長が志田陽子会員（武蔵野美術大学）から大津浩会員（明治大学）へ、編集委員が植村勝慶会員（國學院大學）、根田恵多会員（早稲田大学・院）、馬場里美会員（立正大学）から、斎藤一久会員（名古屋大学）、實原隆志会員（福岡大学）、土屋仁美会員（金沢星稜大学）へ交代）が承認された。三名の退会申出、憲法理論叢書二七号の刊行について報告された。

c　二〇二〇年度第三回運営委員会（二〇二〇年一二月一九日、Zoomによるオンライン開催）

今後の研究計画（二〇二一年五月の春季研究集会、三・四月例会、七月のミニ・シンポジウム及び八月の夏合宿については検討中）、次期年間テーマを引き続き「憲法と市民社会」とすることが承認された。憲法理論叢書二八号の刊行、一名の退会申出が報告された。

d　二〇二一年度第一回運営委員会（二〇二一年五月一六日、Zoomによるオンライン開催）

八名の入会申込、二〇二〇年度決算及び二〇二一年度予算案、二〇二二年五月まで研究総会および月例研究会をオンラインで実施すること、今後の研究計画（二〇二一年七月のミニ・シンポジウム、八月の夏合宿の中止、一〇・一一・一二月例会）、事務局員の交代（二〇二一年五月に小川有希子会員（帝京大学）が退任し、橋爪英輔会員（常磐大学）が就任）について承認された。また、今後の研究計画、憲法理論叢書二九号の編集状況、二名の退会申出が報告された。

(4) 憲法理論叢書編集委員会

憲法理論叢書二八号の編集は、志田陽子会員（編集委員長・武蔵野美術大学）、植村勝慶会員（國學院大學）、根田恵多会員（早稲田大学・院）、馬場里美会員（立正大学）の四名によって行われた。その後、編集委員長が大津浩会員（明治大学）に、編集委員が斎藤一久会員（名古屋大学）、實原隆志会員（福岡大学）、土屋仁美会員（金沢星稜大学）に交代した（任期：二〇二〇年一〇月〜二〇二二年一〇月まで）。

現在、二九号の編集は、この四名によって行われており、持ち回りで編集委員会が開催され、タイトル『市民社会の現在と憲法（仮）』、構成案、執筆要項及び締切が決定された。

(5) 執行部及び事務局の構成

二〇二一年五月現在の執行部は、内藤光博運営委員長と高佐智美事務局長より構成され、事務局は、高佐智美事務局長、事務局員として、菅野仁紀会員（中央大学・院）、小林宇宙会員（一橋大学・院）、塚林美弥子会員（東京学芸大学）、橋爪英輔会員（常磐大学）、安原陽平会員（獨協大学）からなる。

三 会員移動

(1) 新入会員（九名）

辛嶋了憲（一橋大・院）、門田美貴（慶應義塾大学・院）、池端寛史（一橋大学・院）、久保田茉莉（立命館大学・院）、陳韋佑（早稲田大学・院）、屋敷浩伸（早稲田大学・院）、ドイル彩佳（早稲田大学・院）、松尾直紀（法政大学・院）、岡田聖貴（一橋大学・院）（申込順）

(2) 退会者（六名）

糠塚康江氏、片山等氏、中島茂樹氏、堀江薫氏、小栗実氏、高橋和也氏（申出順）

※長年にわたる本会へのご協力に心より感謝申し上げます。

〔氏名の後の所属は原則として当時のものを使用しています。助教、助手又は研究員等については、実態が多様なため、所属大学名のみを使用し、非常勤先の場合も大学名のみを記載しております。敬称略の点を含め、どうかご了解ください。〕

憲法理論研究会規約

（一九九二年七月二〇日決定
一九九二年八月二〇日施行
二〇一〇年五月一一日改正
二〇一八年五月　九　日改正
二〇一八年五月一三日改正）

（名称）
第一条　本会は、憲法理論研究会（Association for Studies of Constitutional Theory）と称する。

（目的）
第二条　本会は、次のことを目的とする。
一　日本国憲法の基本理念の擁護
二　総合的で科学的な憲法理論の創造
三　会員間の、世代を越えた自由で学問的な交流と協力の促進

（事業）
第三条　本会は、前条の目的を達成するため、次の事業を行う。
一　学術研究総会の開催
二　研究会の定期的開催
三　研究成果の公表
四　前条第一号及び第二号に掲げる目的を共有する内外の学術機関・団体との交流の促進
五　その他必要と認められる事業

（会員）
第四条　次に掲げる者は、会員二名の推薦に基づき、事務総会の承認により、本会の会員となることができる。
一　憲法を研究する者であって、本会の目的に賛同する者
二　本会の目的に賛同し、本会の事業に協力する者

（会費）
第五条　会員は、別に定めるところにより、会費を納入しなければならない。

（事務総会）
第六条　本会の運営に関する基本方針を決定する機関として、事務総会をおく。
2　事務総会は、原則として毎年一回、運営委員会委員長（以下「委員長」という。）が招集する。ただし、必要と認められる場合は、随時開催する。

（運営委員会）
第七条　本会に運営委員会をおく。
2　運営委員会は、事務総会の決定を受け、本会の運営に関する事項を審議する。
3　運営委員の定数及び選出方法は、別に定める。

4　運営委員の任期は二年とし、再任を妨げない。
5　運営委員会に委員長をおく。委員長は、運営委員の互選による。
6　委員長は、運営委員会を招集し、その議長となる。
7　委員長は、本会を代表する。

（事務局）

第八条　本会の事務を処理するため、事務局をおく。
2　事務局は、事務局長及び事務局員をもって構成する。
3　事務局長は、運営委員会の推薦に基づき、事務総会で選出する。
4　事務局員は、会員のなかから、事務局長が委嘱する。委嘱に際しては、運営委員会の承認を必要とする。

（編集委員会）

第八条の二　本会の研究成果を公表するために、編集委員会をおく。
2　編集委員会は、編集委員長及び編集委員をもって構成する。
3　編集委員長及び編集委員は、委員長の推薦に基づいて、運営委員会で選出する。

（会計年度）

第九条　本会の会計年度は、毎年四月一日から翌年三月三一日までとする。

（会計の承認）

第九条の二　会計については、運営委員会の審議を経た上で、事務総会の承認を得なければならない。

（会計監査）

第一〇条　本会の会計につき監査を行うため、会計監査をおく。
2　会計監査は、委員長の推薦に基づき、事務総会において選出する。
3　会計監査の任期は二年とし、再任を妨げない。
4　会計監査は、毎会計年度末に監査を行い、その結果を事務総会に報告するものとする。

（改正）

第一一条　本規約は、事務総会において、出席会員の過半数の賛成により改正することができる。

附　則

本規約は、一九九二年八月二〇日より施行する。

附　則

本規約は、一九九七年五月一一日より施行する。

附　則

本規約は、二〇一〇年五月九日より施行する。

附　則

本規約は、二〇一八年五月一三日より施行する。

Constitutional Theory Review

No.29 October 2021

Actualities of Civil Society and Constitutions

Contents

Association for Studies of Constitutional Theory

編集後記

今期は、新型コロナウィルス感染拡大とこれに対する緊急事態宣言やまん延防止措置の発動と終了とが繰り返され、場当たり的で実効性の乏しい施策への世論の不満を背景に、法学の世界でも、日本型政治システムの問い直しが声高に論じられた。とりわけ日本人の強い同調意識を利用した「自粛」要請中心の対策のあり方については、一方で欧米立憲主義国家との比較から、強制措置の拡大強化に伴った厳格な「法治主義」の実現を主張する論者（例えば井上達夫教授）がおり、他方では日本型の「ゆるふわ立憲主義」（曽我部真裕会員の表現）になお可能性を見出そうとする論者もいた。日本の憲法学は、一方でできる限り公権力による強制を避ける志向が強いが、他方で日本型「自粛強制」への嫌悪感も強い。まさに私たちは、「自由と権力」という単純な二項対立図式を超える新たな憲法学の模索を余儀なくされているのであろう。

春季研究総会が中止となった昨春から二〇二一年五月のオンラインによる春季研究総会までの憲法理論研究会の活動を収めた本号も、こうした一種のパラダイム転換から逃れるものではなかったと思われる。もちろん本叢書は、若手研究者の地道な研究成果の公表をその任務の一つとしており、今回も力作が寄せられた。しかしそれに加えて、新たな憲法パラダイムを模索する姿勢が強く見られたことを、編集を担当したものとして大いに称えたいと思う。

本叢書は、斎藤一久（名古屋大学）、實原隆志（福岡大学）、土屋仁美（金沢星稜大学）の各会員と大津（明治大学）が編集にあたった。末尾ながら、困難な出版情勢の中で常に本学会を応援して下さっている敬文堂・竹内基雄社長に心より御礼申し上げたい。

（文責　大津浩）

市民社会の現在と憲法〈憲法理論叢書29〉

2021年10月15日　初版発行　　定価は
カバーに表示してあります

編　著　憲法理論研究会
発行者　竹内基雄
発行所　㈱敬文堂
東京都新宿区早稲田鶴巻町538
電話（03）3203-6161㈹
FAX（03）3204-0161
振替 00130-0-23737
http://www.keibundo.com

印刷・製本／信毎書籍印刷株式会社
ISBN 978-4-7670-0246-0　C3332

憲法理論叢書④

戦後政治の展開と憲法

本体二七一八円

議会制民主主義と政権交代吉田善明／議会と民意岩間昭道／議会制の原点と現点糠塚康江／「多数派」民主主義の再検討近藤敦／戦後における政党と憲法上脇博之／財政議会主義の五〇年小沢隆一／宗教法人法と課税問題笹川紀勝／地方分権と沖縄基地問題仲地博／戦後五〇年と地方自治緒方章宏／憲法改正手続と司法審査久保健助／アジア太平洋地域の人権憲章構想稲正樹／「人権」と「市民的自由」の間植村勝慶／ドイツにおける国家目的論の再考石村修／「法治国家」論から「立憲主義的民主主義」論へ山元一／書評・元山健／吉田栄司／小野善康／長谷川憲／福岡英明

憲法理論叢書⑤

憲法五〇年の人権と憲法裁判

本体二八〇〇円

わが国違憲審査の五〇年—総論的概観小林武／憲法裁判の五〇年植野妙実子／憲法裁判所案の系譜と問題点畑尻剛／憲法訴訟論の問題と課題戸松秀典／最高裁判決における憲法訴訟要件論の問題点渋谷秀樹／憲法訴訟論の展開と裁判実践諸根貞夫／外国人の参政権と国籍条項後藤光男／〈社会権〉の保障と個人の自律西原博史／教育裁判における教育人権論の展開成嶋隆／平等権論の問題点と課題安西文雄／アメリカ司法審査制の連邦的特質森山弘二／討議理論による人権の基礎づけについて渡辺康行／九〇年代のフランス憲法院今関源成／朝鮮開化期における人権思想の継受國分典子／書評・岡田俊幸／横坂健治／矢口俊昭

憲法理論叢書⑥

国際化のなかの分権と統合

本体二八〇〇円

地方自治の五〇年について思うこと杉原泰雄／統合と分権のなかの公共性鳥居喜代和／グローバリズム立憲主義下の地方自治権論の課題大津浩／地方分権推進委員会の勧告と市町村合併小林博志／統合の手段としての日本のＯＤＡと憲法の平和主義清水雅彦／リゾート法満一〇年藤原信／イギリスにおける「地方分権」松井幸夫／フランスにおける地方分権と住民投票福岡英明／ベルギーの連邦化武居一正／ヨーロッパ地方自治憲章の一〇年廣田全男／欧州統合とドイツ憲法岡田俊幸／欧州統合とフランス憲法学南野森／「ヨーロッパ人権基準」の確立における主権と人権建石真公子／阪神・淡路大震災と憲法論の課題浦部法穂／『こだわり』から『かかわり』へ孝忠延夫／ボランティアと日本国憲法近藤真／学問の自由・大学の自治の保障からみた大学教員の任期制根森健／書評・鴨野幸雄／緒方章宏／柳井健一

憲法理論叢書⑦

現代行財政と憲法

本体二八〇〇円

新ガイドラインと日本の軍事化岡本篤尚／行政機構の改革と憲法宮井清暢／市場、規制、憲法中島徹／ドイツ宰相の基本方針決定権限の由来毛利透／平和・福祉憲法と行財政北野弘久／フランスにおける国家による経済介入多田一路／ドイツにおける税務訴訟の現実と税務行政三木義一／社会保険制度の改革・再編と行財政坂本重雄／社会権の今日的課題中村睦男／財政構造改革と生存権柳眞弘／財政からみた社会保障藤野美都子／臓器移植における脳死の憲法問題柏﨑敏義／四日市反公害と私澤井余志郎／「盗聴立法」について倉持孝司／書評・本秀紀／小林武／角替晃

憲法理論叢書⑧

憲法基礎理論の再検討

本体二八〇〇円

近代個人主義と憲法学中山道子／憲法学と思想史の対話愛敬浩二／レッセ・フェール憲法学への新たな視座飯田稔／僕らの生き苦しさと人権論石埼学／アファーマティブ・アクションと正義穐山守夫／宗教に対する便宜供与山崎英壽／意見表明の自由の限界としての個人的名誉保護上村都／下級教育における個人情報保護伊藤良弘／放送の自由─その理念と制度鈴木秀美／アメリカにおける人種差別的ヘイトスピーチ長峯信彦／中国の「市民社会」研究について古川純／EU／ECの民主主義はどこまで可能か鈴木眞澄／ウェストミンスター・モデルの動揺小松浩／統治構造から見た日本国憲法史横尾日出男／憲法社会学的考察による沖縄県民投票の意義と問題点について中富公一／憲法運動の今日的課題奥野恒久／文化財保護法と松代大本営大日方悦夫／書評・武藤健一／立山紘毅

憲法理論叢書⑨

立憲主義とデモクラシー

本体二八〇〇円

国家・国民・憲法栗城壽夫／憲法規範の私人間適用と、私法規範の「憲法化」樋口陽一／イギリスの憲法改革元山健／人権保障における Bills of Rights の意義と役割江島晶子／現代フランスにおける憲法裁判と立憲政治蛯原健介／フランス革命期における「国民主権」原理と外国人参政権菅原真／優生政策と憲法学村山史世／日本国憲法の『原点』と『現点』横田耕一／平和主義をめぐる「改憲」と「護憲」の論理澤野義一／改憲と「改革」の底流と憲法学の課題小沢隆一／戦争非合法化論と日本国憲法河上暁弘／韓国の大統領制政府形態の進化と展望鄭永和／議院内閣制と大統領制近藤敦／日本の地方自治と「自治体憲法学」大津浩／韓国地方自治制の現況と課題李憲煥／朝鮮半島の統一の展望と課題閔炳老／書評・池端忠司／小山剛／江藤英樹

憲法理論叢書⑩

法の支配の現代的課題

本体二八〇〇円

現代イギリスにおける「法の支配」論**植村勝慶**／違憲審査制の活性化**市川正人**／変容する法の「支配」**大藤紀子**／ドイツにおける「憲法裁判権の限界」論**岡田俊幸**／アメリカにおける住民投票制の現況と民主主義論**木下智史**／アメリカ合衆国における妊娠中絶法理の現在**小竹聡**／学校図書館のパブリック・フォーラム性**前田稔**／最近のイタリア共和国憲法改正の動向**高橋利安**／国家・家族・セクシュアリティの間**齊藤笑美子**／法科大学院と憲法教育**戸松秀典**／法曹一元と非常勤裁判官制度**石村修**／教育基本法改正問題と《法の支配》**成嶋隆**／改憲への今日的潮流と「教育」像**寺川史朗**／政府の平和主義論**浦田一郎**／日米地位協定の立憲的統制**高作正博**／書評・隅野隆徳／**高見勝利**／**河上暁弘**

憲法理論叢書⑪

憲法と自治

本体二八〇〇円

「憲法的自治」の今日的課題（覚え書き）**小林武**／コミュニティと「自治」**糠塚康江**／「地方自治の本旨」の再検討**岡田信弘**／不文憲法の基本的構造**成澤孝人**／「国民」概念の限界と「市民」概念の可能性**佐藤潤一**／刑部荘と「国民による憲法改正」の技術**高見勝利**／学問の自由と大学の自治の新たな課題**中村睦男**／憲法の教育自治に対する先行性**坂田仰**／「大学の自律」と「教授会の自治」**松田浩**／司法制度改革と弁護士自治**今関源成**／マスメディアの自主規制と透明な社会**池端忠司**／「表現の自由」とポルノグラフィー**田代亜紀**／地方自治の憲法的基礎**杉原泰雄**／国家と自治体**中地博**／国家と地方間の紛争解決システム**桑原勇進**／日韓シンポジウム韓国側報告・要約**金英千・玉武錫・崔承元・金南澈**／有事関連三法の批判的検討**山内敏弘**／にもかかわらず護らなければならないこと**馬奈木厳太郎**／書評・愛敬浩二／**本秀紀**／**平地秀哉**／**齊藤正彰**

憲法理論叢書⑫

現代社会と自治

—憲法理論研究会四〇周年記念号—

本体二八〇〇円

メディアの規制と自律—「市民社会の自治」の可能性**田島泰彦**／報道の自由と「ジャーナリストの自治」**内藤光博**／私学助成と大学の自治**石川多加子**／地方分権論と自治体再編論の異同**妹尾克敏**／生活保護と「個人の尊重」**押久保倫夫**／憲法における制度と人権**柏﨑敏義**／愛媛玉くし料訴訟について**草薙順一**／受任者名簿とプライバシー**奥島直道**／日本国憲法の平和主義と財政の諸原則**隈野隆徳**／有事法制と無防備地域条例制定の意義**澤野義一**／「セキュリティ」と憲法学**石川裕一郎**／ギールケのアルトジウス研究‥『共生と人民主権』から学ぶもの**笹川紀勝**／大臣の「責任」に関する覚え書き**佐藤修一郎**／憲理研四〇周年を迎えて**吉田善明**／憲理研四〇年に寄せて**山内敏弘**／研究会がなければ、研究できる？**浦田一郎**／ロースクール憲法の意義と可能性**棟居快行**／書評・斉藤小百合／**佐藤潤一**／**佐々木弘通**／**上脇博之**／憲法理論研究会四〇年小史

憲法理論叢書⑯

憲法変動と改憲論の諸相

本体二八〇〇円

議員定数不均衡訴訟の過去と現在**野中俊彦**／ステイト・アクション法理の根底にあるもの**宮下紘**／多文化社会における「国籍」の憲法学的考察／**栗田佳泰**／J・ルーベンフェルドの憲法解釈方法論に関する覚書**佐々木くみ**／司法審査の可能性と現代行政国家**尾形健**／ドメスティック・バイオレンスをめぐる法政策**小島妙子**／アメリカにおける市民権法と表現的結社の自由との相克**金澤誠**／カナダにおける多文化主義**菊地洋**／フランスにおける国家の非宗教性原則の運用と共和主義**江原勝行**／現代フランスにおける「裁判権力」論と権力分立**阿部智洋**／第一回ミニ・シンポジウム　国家の基本権保護義務**小山剛**／「国家の基本権保護義務論」とは何か？**根森健**／日本国憲法における基本権保護義務論の可能性**玉蟲由樹**／「個人に優しい改憲論」と立憲主義**西原博史**／民主主義という観点からみた統治構造改革と憲法改正手続法**川﨑政司**／「立憲主義」論からみた現在の日本における憲法改正論議**山元一**／書評・**石川裕一郎**／**浦田一郎**／**木下智史**

憲法理論叢書⑰

憲法学の最先端

本体二八〇〇円

EU憲法論の困難・可能性・日本との関連**中村民雄**／「セックスワーク」・性的自己決定権・人格権**中里見博**／遺伝子プライバシー論――「遺伝情報」は例外か？　**山本龍彦**／基本権の間接的侵害理論の展開――**斎藤一久**／アメリカ合衆国における保護義務論とその含意**松村芳明**／裁判員裁判の合議体の公共的討議の場としての特質**柳瀬昇**／イギリス人権法における議会主権と憲法的対話**岩切大地**／合衆国の公教育における政府権限の限界**中川律**／フランスにおける病院の非宗教性**中島宏**／憲法のratio **福島涼史**／いわゆる“Gewaltmonopol”について**岡田健一郎**／韓国併合――憲法と国際法の問題に即して**笹川紀勝**／書評・**麻生多聞**／**只野雅人**／**三宅裕一郎**

憲法理論叢書⑱

憲法学の未来

本体二八〇〇円

科学より哲学へ――憲法学の発展？**愛敬浩二**／〈自由の条件としての国家〉と現代憲法学**小貫幸浩**／憲法解釈における比較憲法の意義**新井誠**／信教の自由と政教分離原則の衝突？**神尾将紀**／公務員の内部告発と修正第一条**牧本公明**／アメリカ連邦最高裁における「政府言論の法理」についての覚書**横大道聡**／ドイツ憲法抗告と「憲法」の観念**鵜澤剛**／環境国家と環境憲法の理論**藤井康博**／インターネットにおける「有害」情報規制の現状**小倉一志**／第二院の憲法保障機能**木下和朗**／「最高裁・国籍法違憲判決を考える」・報告①**近藤博徳**／報告②**木村草太**／コメント**戸波江二**／志布志事件**野平康博**／憲法理論研究会小史**金子勝**／書評・**渡辺康行**／**青井未帆**／**斎藤一久**

憲法理論叢書⑲

政治変動と憲法理論

本体二八〇〇円

天変地異と憲法高見勝利／福島第一原発事故後の政治システムのあり方奥田喜道／民主党政権下における政治主導実現のための改革について曽我部真裕／「政治主導」と憲法――「国会中心」構想の可能性本秀紀／二院制研究の今日的課題岡田信弘／民営化における多元的行政の民主的正当化高橋雅人／市民立法の意義と課題大江洋／フランス憲法改正による議会手続の変容徳永貴志／刑事裁判への「国民参加」とは何か？今関源成／刑事裁判は変わったか？石塚伸一／「国民の司法参加」「裁判員制度」の教育をめぐる課題渡邊弘／刑事的正義と共和主義成澤孝人／司法という名の公共性の空間柳瀬昇／公務員の政治的自由と政治活動禁止規制の広汎性船尾徹／公務員の政治的自由――コメント石村修／憲法上の間接差別法理に関する予備的考察白水隆／イジメの憲法学中富公一／身近にある憲法問題山村晋／書評・毛利透／藤井樹也

憲法理論叢書⑳

危機的状況と憲法

本体三〇〇〇円

憲法学とリスク棟居快行／アメリカ憲法とリスク――テロのリスクとテロ対策のリスク大林啓吾／国家の環境リスク事前配慮と個人の権利――〈3・11〉後の原子力藤井康博／リスク社会と実定法としての憲法土方透／国家・賭け・個人蟻川恒正／貧困からの自由とは何か遠藤比呂通／「生存」権を超えて――二五条へのひとつの視座遠藤美奈／貧困からの自由と生存権――国際人権法の観点から申惠丰／ポジティヴ・アクションの合憲性辻村みよ子／「意味の秩序」と平等駒村圭吾／人権（論）の分岐点佐々木允臣／公教育の中立性と客観法的統制棟久敬／「靖国合祀取り消し訴訟」判決を問う菅原龍憲／合衆国判例における「動機審査」・覚書黒澤修一郎／比例原則における事実と価値淡路智典／日米における司法権発動の具体的要件の背景と枠組み成瀬トーマス誠／憲法解釈論としての四段階責任論と責任追及制論の提唱吉田栄司／中国の民事裁判における憲法の間接適用とその課題呉東鎬／スペインにおける憲法改正の実質的限界論野口健格／憲法の言語と社会の言語髙橋基樹／書評・浦田一郎／西原博史

憲法理論叢書㉑

変動する社会と憲法

本体二八〇〇円

ステイツ・オブ・デモクラシー――ポピュリズム・熟議民主主義・アーキテクチャ吉田徹／立法過程の法的統制――立法裁量・立法目的・立法事実木村草太／「政府の憲法解釈」の論理構造とその分析横大道聡／福祉・「平等」・憲法葛西まゆこ／大阪都構想と大阪維新上山信一／大阪都構想と地方政府の形態岡田順太／地方自治保障の憲法原理と大都市特別制度大津浩／象徴天皇制と憲法学横田耕一／原発と憲法草薙順一／日本とドイツにおける国籍概念の比較中村安菜／列挙されていない権利の保障は何を意味するのか中曽久雄／「人間の尊厳」対「人間の尊厳」押久保倫夫／多元化・重層化する表現規制とその規律――表現の自由・アーキテクチャ・パブリックフォーラム成原慧／受刑者の権利保障――国際人権の可能性河合正雄／イギリス障害者差別禁止法（DDA）における平等取扱原則の意味杉山有沙／EU食品安全分野の予防原則における健康権の保障土屋仁美／アメリカ連邦最高裁における「保護されない言論」の考え方城野一憲／書評・岡田健一郎／岩切大地

憲法理論叢書㉒

憲法と時代

本体二八〇〇円

ドイツ基本法とその周辺─公論による正当化三島憲一／人権理論における「科学的方法」と本質主義の縛り西原博史／Leben und leben lassen!─平和の「科学」、自由の「哲学」西村裕一／戦後憲政史における主権・代表制・選挙権論辻村みよ子／実名報道の自由／知る権利？榎澤幸広／個人の尊厳原理から見た実名犯罪報道、及び、その憲法学上の位置づけ井上知樹／実名犯罪報道と無罪推定の原則飯島滋明／「少国民」世代の憲法研究者の願い杉原泰雄／参議院改革から立法府改革へ大山礼子／現代フランスの刑事法改革にみる法と政治の相互作用石川裕一郎／政治的意思決定における女性参加をめぐる議論彼谷環／適用違憲と違憲審査基準内野正幸／憲法の正統性の時間論的分節化吉良貴之／現代社会と主権─政治体の結合から門輪祐介／企業の社会的責任と人権尊重芹沢斉／イタイイタイ病裁判・裁判後の住民の闘い青島明生／イギリスにおける在外選挙制度宮内紀子／書評・福嶋敏明／實原隆志

憲法理論叢書㉓

対話と憲法理論

本体二八〇〇円

大学自治・制度的保障論・客観的価値決定論小貫幸浩／フランスにおける大学の自治と「憲法ブロック」南野森／アメリカの大学自治と制度理論中林暁生／市民・公務員・教育公務員安原陽平／学問の自由と「中央集権」堀口悟郎／公共領域における「地位の平等」の象徴的宣言巻美矢紀／家族、出自、ジェンダー問題をめぐる領域での平等吉田仁美／今回の風営法改正問題、実際の動き、これからの方向性斉藤貴弘／ＮＯＯＮ摘発の状況と弁護団の主張水谷恭史／ダンス営業規制をめぐる憲法論新井誠／復興事業としての用地取得と憲法菊池優太／フランスにおけるBaby Loup事件とライシテ原則適用拡大の試み中島宏／奴隷的拘束禁止の憲法上の意義小池洋平／多様性の価値とAffirmative Action茂木洋平／死刑・被害者・基本権千國亮介／マスメディアの情報操作の弊害藤井正希／書評・高橋雅人／尾形健

憲法理論叢書㉔

対話的憲法理論の展開

本体三五〇〇円

イギリス憲法における政治的立憲主義者の格闘成澤孝人／「立憲主義」の日独比較──憲政史の観点から赤坂幸一／アメリカにおける「立憲主義」の現在大河内美紀／世界のグローバル化と立憲主義の変容山元一／京都朝鮮第一初級学校威力業務妨害事件冨増四季／ドイツ憲法から考えるヘイトスピーチ規制毛利透／アメリカにおけるヘイト・スピーチ規制の歴史と現状奈須祐治／討議空間の均一化と「プレス」の「内部規律」水谷瑛嗣郎／「サイバーパトロール」の法的性質實原隆志／トランスナショナル憲法の構造西土彰一郎／法律」制定後における立法者の憲法上の義務入井凡乃／フランス財政法制の転回と国家像岩垣真人／フランスにおける執行権の政治責任原理とその「刑事化」三上佳佑／イタリア共和国憲法における「地域国家」と連邦制芦田淳／ベルギーの第六次国家改革（二〇一二─一四）と連邦化」のゆくえ武居一正／神奈川県臨時特例企業税条例事件について松本賢人／憲法二四条によるジェンダー差別是正の可能性川口かしみ／生殖補助医療における法の役割建石真公子／対テロ戦争における手続的デュー・プロセス保障今井健太郎／憲法構成権力の概念浦田賢治／憲法と教育法の研究五〇年永井憲一／書評・小沢隆一／吉田仁美

憲法理論叢書㉕

展開する立憲主義

本体三〇〇〇円

緊急事態序説長谷部恭男／B・アッカマンのemergency constitution論・再考木下智史／フランスにおける緊急状態をめぐる憲法ヴォードヴィル村田尚紀／緊急事態に対する「行政による統制」?高橋雅人／緊急権と「外見的立憲主義」長利一／裁判所における国際法規範の「参照」手塚崇聡／憲法の「拷問禁止」規範阿部純子／デュー・プロセスの概念史清水潤／憲法上の「権利」と利益について金原宏明／憲法における「私人間効力」論の現状分析平松直登／人民主権の実現と裁判所の果たすべき役割川鍋健／わが国における「司法審査と民主主義」論の経緯と展望市川正人／「反多数決主義という難問」の存在意義に関する若干の考察金澤孝／フランスにおける人種差別表現規制について光信一宏／「保護されない言論」と内容規制菅谷麻衣／同性婚をめぐる合衆国最高裁の「論理」的展開上田宏和／「患者の自己決定権」の憲法上の定位について牧野力也／生存権と責任辻健太／川内原発稼働差止訴訟について工藤伸太郎／書評・植木淳／西土彰一郎

憲法理論叢書㉖

岐路に立つ立憲主義

本体二八〇〇円

日本における憲法パトリオティズム論の展開斎藤一久／婚姻・家族とフランス憲法―解釈論への示唆齊藤笑美子／政治プロセスにおける衆議院解散の位置植松健一／司法権＝違憲審査制のデザイン宍戸常寿／憲法のデザイン横大道聡／司法部の立ち位置と最高裁憲法判例の展開千葉勝美／違憲国賠訴訟の憲法訴訟としての可能性井口秀作／ドイツ連邦憲法裁判所における「主張可能性の統制（Vertretbarkeitskontrolle）」の展開山本真敬／フランスの政治裁判権における司法官の位置づけ橋爪英輔／学校における信教の自由と裁量審査、合理的配慮栗田佳泰／私企業における労働者の信教の自由馬場里美／思想・良心の自由に基づく法義務免除森口千弘／公的機関の公益通報者保護の憲法的意義牧本公明／科学技術に関する規範形成過程における民主的正統性の意義小川有希子／日本におけるヘイトスピーチ斉藤拓実／楠瀬喜多と女性参政権公文豪／近代フランス憲法思想における法・法律・自由水林翔／書評・成原慧／新井誠

憲法理論叢書㉗

憲法の可能性

本体三二〇〇円

ドイツの連邦憲法裁判所の固有性と一般性畑尻剛／アメリカにおける憲法裁判の現在福嶋敏明／フランス憲法院の事後的違憲審査（QPC）九年間の動向池田晴奈／民主化三〇年と韓国の憲法裁判水島玲央／「価値決定」としての学問の自由栗島智明／ヨーロッパの放送の自由の比較法的特質波多江悟史／人権としての国籍の可能性館田晶子／ハンセン病隔離政策と日本国憲法徳田靖之／憲法判例を通して家族を考える作花知志／アメリカ連邦最高裁の判例法理における「宗教に対する敵意」の位相根田恵多／信教の自由の保護領域と制約の正当化山本健人／社会保険における『脆弱』な人々の排除と包摂嵩さやか／「脆弱さ」と貧困・排除笹沼弘志／児童虐待についての権利論からの検討岩元恵／枠組的権利としての生存権石塚壮太郎／立法不作為事案と国家賠償法「二」条の理論的な親和性青木誠弘／スコットランド地域自治保障から見た憲法的制定法の法的意義本庄未佳／ドイツにおける予算概念の変遷鎌塚有貴／書評・大野友也／河北洋介

憲法理論叢書㉘

憲法学のさらなる開拓

本体三〇〇〇円

憲法訴訟の現在と未来渋谷秀樹／法の表示理論はいかにして憲法理論でありうるか？瑞慶山広大／部分無効と立法者意思山﨑皓介／ディシプリンとしての憲法学春山習／「生前退位」をめぐる憲法問題榎透／情報化社会におけるメディアの自由城野一憲／ドイツにおけるヘイトスピーチ規制と警察菅沼博子／「家庭教育」支援をめぐる諸問題植野妙実子／憲法教育論・再訪成嶋隆／憲法上の親の権利の必要性と問題吉岡万季／フランス「連帯（solidarité）」概念の憲法学的考察塚林美弥子／生存権保障の可能性松本奈津希／民営化に対する憲法的統制小牧亮也／「消費者」の二重性と国家大野悠介／自衛隊による「国際貢献」と憲法奥野恒久／「七三一部隊」問題葂昭三／内灘闘争にみる労働組合の平和運動西尾雄次／書評・玉蟲由樹／今井健太郎

（＊価格は税別です）